gutes leben
bene!

Ich bin Christin. Am Tag meiner Geburt getauft von einem Priester der römisch-katholischen Mutter Kirche. Seit 60 Jahren lebe ich in ihrem Schoß. Es wird eng. Unerträglich eng. Und ich begreife langsam: Innerhalb dieser Gebärmutter ist weiteres Wachstum nicht möglich. Der Muttermund ist geöffnet. Der Druck steigt.

LISA KÖTTER

SCHWEIGEN WAR GESTERN

Maria 2.0 – Der Aufstand der Frauen in der katholischen Kirche

Starre nicht
auf das, was früher war.
Steh nicht stille
im Vergangnen.
Ich, sagt ER, mache neuen Anfang.
Es hat schon begonnen,
merkst du es nicht?

Huub Oosterhuis
Nach Jesaja 43, 18+19[1]

Kommt!
Bauen wir aus den Altären
einen Tisch, groß wie die Welt
Und aus all dem Kreuzesholz
einen Grund zum Leben
Und all das Gold
den Narren, den Nichtsnutzen
Fließ vor Liebe über, Kirche,
um überflüssig zu werden
Nichts als Menschengesicht
von Gottes Liebe

Lisa Kötter

Bewusst schreibe ich »Göttlich« groß aus Respekt vor dem, was wir »Göttlich« zu nennen wagen, und »Gott*«, weil diese*r unbegreiflich Nahferne nicht menschlich zu ermessen ist in Geschlecht, Größe, Zahl oder Wesenhaftigkeit.

INHALT

VORWORT

Lisa Kötter spricht nicht nur mir, sondern auch vielen Tausend anderen getauften Katholikinnen aus der Seele.

Die katholische Kirche ist eine der letzten Institutionen, in der Frauen wegen ihres Geschlechts systematisch ausgeschlossen, übersehen und herabgesetzt werden.

Ich habe tiefsten Respekt vor dem Mut und dem Durchhaltevermögen, mit denen Lisa Kötter und die Initiative *Maria 2.0* diesem uralten und unbeweglichen Patriarchat begegnen. Ihre unerschütterliche Arbeit und ihre schlauen, entlarvenden Fragen können nicht mehr ignoriert werden. Diese Frauen fordern Antworten und wollen ernst genommen werden. Dabei sind sie nie destruktiv, sondern immer voller Liebe für ihre Kirche.

Die Gespräche mit Lisa Kötter haben mich oft wütend und sprachlos gemacht. Vor allem angesichts der steigenden Austrittszahlen und der sinkenden Zahl der Priesteranwärter fragt man sich, warum die katholische Kirche nicht diese Fülle an brachliegendem Potenzial in Form von gebildeten, großartigen Frauen nutzt. Wenigstens, um sich selbst zu retten.

Darum haben dieses Buch und die Initiative *Maria 2.0* die größtmögliche Aufmerksamkeit verdient. Diese Frauen sind nicht aufzuhalten, dieser beispiellose Kampf um Anerkennung und Gleichberechtigung kann nur gewonnen werden.

Wie so oft bleibt also die große Frage zurück:

Warum haben mächtige Männer so große Angst vor Frauen?

Carolin Kebekus

Es ist an der Zeit,
weiterzugehen und
die Stimme zu erheben.
Schweigen war gestern.

PROLOG

Im Januar 2019 saßen wir, etwa ein halbes Dutzend Frauen, zusammen. Wir trafen uns monatlich und lasen Abschnitt für Abschnitt das *Evangelii Gaudium,* das apostolische Schreiben von Papst Franziskus. Denn wir wollten verstehen, wie Papst Franziskus »tickt«. Um Positionen abzuwägen, zu diskutieren und selbst zu finden.

An diesem Abend haben wir nicht gelesen. Ich berichtete von einem Film, den ich gesehen hatte. *Das Schweigen der Hirten,* eine ZDF-Dokumentation über die sogenannte geografische Lösung. So wird in dem Film das weltweite Netz innerhalb der katholischen Kirche genannt, in dem klerikale Sexualstraftäter von Land zu Land, von Kontinent zu Kontinent versetzt wurden, um sie einer staatsanwaltlichen Verfolgung zu entziehen. Der Film macht deutlich, dass es nicht um Einzeltaten weniger geht, sondern um ein System der Vertuschung. Einer weltweiten Vernetzung der Täter und der Mitwisser. Ein System, das den Verbrechen sogar Vorschub leistet, weil eine Bestrafung umgangen wird. Und noch eines zeigt dieser Film: Es kann keinen hohen Kleriker geben, der davon nichts wusste und weiß.

Fassungslosigkeit, das ist der passende Ausdruck dafür, was wir empfanden gegenüber dieser Fülle von Leid, Gewalt, Unrecht und Ungerechtigkeit, Verletzung von Würde, Zwang und Scheinheiligkeit. Und das in der Kirche, die sich die Kirche Jesu Christi nennt.

Eine große Traurigkeit brach sich Bahn, eine Traurigkeit, die uns im Geheimen schon Jahre und Jahrzehnte begleitete. Die viele von uns aber nicht nach außen dringen ließen. Denn: Es tut nicht gut, im Schmutz zu wühlen.

Aber es ist der Schmutz einer Kirche, in der wir uns engagierten, zu der wir uns immer zugehörig fühlten, seit dem Tag unserer Taufe.

Ist ein neuer Anfang, den Jesus verspricht, in und mit dieser Kirche möglich? Oder ist sie gebaut auf römischer Machtgier und Unterdrückungskultur, letztlich nicht auf einem Felsen der Liebe, sondern auf einem Felsen des Verrats?

Wie unangemessen empfanden wir das Wort »Missbrauchsskandal«, und wie hohl und empathielos klangen bischöfliche Beteuerungen der »Erschütterung«.

Nein. Erschütternd sind all die Beteuerungen der Erschütterung aus dem Mund kirchlicher Verantwortungsträger. Denn was sie in Wahrheit erschüttert, ist die nachhaltige Befleckung ihrer heiligen römischen Kirche.

Seit ich denken kann, werden Witze gerissen und unheimliche Geschichten erzählt, nicht nur unter Messdiener*innen, über Beichtstuhl-Gefummel, verklemmte klerikale Keuschheitsverhöre, getuschelte Ungeheuerlichkeiten, versetzte Kapläne. Es ist nicht glaubwürdig, dass die geweihten Herren seit Jahrzehnten nicht gewusst haben sollen, was jeder geschmacklose Witz unter Messdienerinnen und Messdienern in die Welt posaunte. Mag sein, dass das Ausmaß nicht jedem Kirchenmann bekannt war. Aber das Raunen der Ungeheuerlichkeiten wurde im Haus der Glorie immer schon lieber geflissentlich überhört und übertönt mit heiligen Worten und Orgelspiel.

In *Nachtsonne,* einem Film der Brüder Taviani von 1990, ringt ein Priester mit seiner vermeintlichen Heiligkeit. Und je mehr ihn das bedrängt, was ihm eigentlich untersagt ist, desto hochtrabender werden seine Worte. Ein Bauer bringt es auf den Punkt: »Du kannst so schön reden! Du kannst machen, dass Taubenscheiße duftet.«

Wer hat die verdrehten, zerbrochenen, geschändeten Lebensgeschichten der Betroffenen im Blick? Wer sprach und spricht über die verheerenden Ausmaße der Folgen der sexuellen Gewalt auf das Leben der Menschen, denen Gewalt angetan wurde und wird?

»Eine Katastrophe für die Kirche«, »Skandal!«, so hörte man allerorten. Nein! Die Katastrophe passiert seit Jahrzehnten, seit Jahrhunderten wahrscheinlich, und zwar den von Gewalt Betroffenen. Die Katastrophe passiert nicht der Kirche. Diese Kirche gebiert die Katastrophe!

Auch wir wussten oder ahnten doch schon immer, wie dünn die Kruste der christlichen Wohlanständigkeit war. Jede von uns kannte doch seit Jahrzehnten die üblen Messdienerwitze, jede kannte selbst oder über ein, zwei Ecken Betroffene, jede wusste um das Getuschel hinter vorgehaltener Hand.

Ja, da war auch Scham an diesem Abend im Januar. Scham, dass wir nicht längst schon aufgestanden waren, nicht längst schon unsere Nasen in Angelegenheiten gesteckt hatten, die uns sehr wohl und immer schon etwas angingen.

Plötzlich war ganz klar, dass wir uns nicht mehr einrichten können in einer Kirche, die nicht Menschen schützt und achtet, sondern nur sich selbst. Im Haus voll Glorie stapeln sich die Leichenberge im Keller. Es wird Zeit, die Glorie sein zu lassen und bei den Menschen anzukommen. Ihr Leid ernst zu nehmen und ihre Freuden. Ihre Trauer zu verstehen und ihre Lust zu achten. Bedürfnisse zu respektieren und die Freiheit hochzuhalten.

Wir – jede*r einzelne Christ*in – haben eine Verantwortung. Wir können es nicht einfach gut haben in unseren gemütlichen Gemeinden und darüber hinwegsehen, dass so vieles zum Himmel stinkt.

Wegsehen und Schweigen sind systemerhaltend. Unsere Kinder fragen uns: Warum seid ihr noch in dieser Kirche? Was hält euch dort? Stützt ihr nicht durch euer Bleiben diese Struktur, die Böses hervorbringt?

Wir haben eine Verantwortung. Und wir sollten Antwort geben. Jede und jeder. Uns selbst, unseren Töchtern und Söhnen und Enkelkindern. Unseren Mitmenschen und Mitgeschöpfen. Unserem Bruder Jesus. Wir sollten Gott* antworten auf seine Liebe.

An diesem Abend haben wir zusammen geweint, auch gewütet und getobt.

Am Ende fassten wir den Beschluss, zu tun, was Generationen von Frauen schon lange vorschlugen: draußen zu bleiben. So entstand die Initiative *Maria 2.0*.

Wir haben uns vor die Kirchen gestellt, sind draußen geblieben. Da ist der Platz, den uns die Kirche durch ihr Handeln und ihr Versagen, aber vor allem durch ihre Ignoranz zugewiesen hat. Sie hat uns ausgeschlossen vom heiligen Spiel.

Also spielen wir draußen, mitten im heiligen Leben. Getauft, berufen, singend, segnend. Wir fragen nicht mehr um Erlaubnis und warten nicht mehr auf Beifall der »Geweihten«.

Der Zulauf zu unseren Gottesdiensten in der ersten Aktionswoche im Mai 2019 war überwältigend. In unserer Gemeinde in Münster und an vielen anderen Orten hätten sich die Priester uns gerne angeschlossen. Wir haben aber darum gebeten, dass alle Gottesdienste und Messen in den Kirchen wie gewohnt gefeiert werden – denn wir wollten niemandem seine Eucharistiefeier nehmen, der sich uns nicht anschließen wollte. Jeden Abend kamen mehr Frauen und Männer, um mit uns auf dem Kirchplatz Gottesdienst zu feiern.

Gemeinsam schmückten wir einen langen Tisch mit weißen Tüchern, Blumen und Kerzen. Ich sehe noch Marianne, eine der älteren Frauen in unserer Gemeinde, herbeieilen, in der Hand einen riesigen Strauß blühender Zweige aus dem eigenen Garten. Viele brachten körbeweise Blumen und Blüten mit.

Barbara, die Älteste unter uns Initiatorinnen, segnete während des Gottesdienstes feierlich die Brote, die viele Hände zwischen die Blumen und die Kerzen auf den Tisch gelegt hatten. Dann teilten wir das Brot untereinander, jede und jeder bekam ein Stückchen. Dabei segneten wir einander und wünschten uns Frieden. Viele Frauen konnten in diesem Moment ihre Tränen nicht mehr zurückhalten. Gerade die Älteren unter uns waren gleichzeitig tief gerührt und überwältigt von dieser neuen Form der Gotteswort-Feier. Es war eine Gemeinschaft auf Augenhöhe, der niemand vor-steht. Wo niemand von oben herab, vom erhöhten Altar herunter etwas vermitteln muss oder etwas stellvertretend für andere tut. Wir standen als eine Gemeinschaft der Getauften zusammen, in der wir einander gesegnet haben.

Manche von uns dachten an die Jahrzehnte der Demütigungen, des Nicht-ernst-genommen-Werdens, der alten bedrückenden Erinnerungen. An schlüpfrige Kindheits-Beichtgeschichten, an »Mädchen-dürfen-das nicht« Verbote oder an den Ausschluss bei der Taufe des eigenen Kindes nach dessen Geburt (wegen »Unreinheit!«). An das Nicht-gehört- und Nicht-gesehen-Werden, das Nicht-widersprechen-Dürfen, an unglückliche Jahre in »Muss-Ehen«. Und es flossen viele Tränen der Trauer.

Aber vor allem gab es Freudentränen. Weil alle miteinander erlebten: Ich kann und darf segnen, ich darf mich mit anderen im Namen Jesu zu dessen Gedächtnis versammeln. Wir können auch ohne die Anwesenheit eines geweihten Priesters miteinander beten, singen, Brot brechen. Wir ermächtigen uns selbst. Wir heiligen unser Leben, indem wir in Seinem Namen handeln – und wir spüren: Er, Gott* selbst, ist mitten unter uns.

In dieser Zeit, rings um die erste *Maria 2.0*-Aktion, hatten wir viel Kontakt zu Journalisten. Zeitungen, Radiosender und das Fernsehen baten um Interviews und berichteten über unser Tun. Durchweg waren diese Begegnungen und Gespräche von großem Respekt geprägt. Oft erzählten uns die Medienleute, wenn das Mikrofon ausgeschaltet war, von ihren eigenen Geschichten mit Kirche, von ihrem Glauben oder Unglauben, ihrem Befremden oder ihrem Gottvertrauen. Ohnehin ist, so sagten viele Menschen verwundert, gefühlt seit Jahrzehnten nicht mehr so viel und miteinander und öffentlich über Glauben gesprochen worden wie in diesen Wochen im Mai 2019.

Auch bei unserem großen zentralen Gottesdienst auf dem Domplatz von Münster waren viele Medienvertreter anwesend. Die Stimmung war aufgewühlt, und die Fragen, die man uns als Vorbereiterinnen stellte, zeigten, dass unser Anliegen nur bedingt verstanden wurde. Fernsehteams standen in der Mitte der Feiernden, verfolgten das Geschehen und filmten. Als wir uns gegenseitig segneten und einander Frieden wünschten, wurden auch die Reporter, die Tontechniker und Kameraleute mitbedacht, gesegnet und umarmt: »Friede sei mit dir!« Da waren ein Verwundertsein, ein Lächeln, ein Staunen. Und als wir nach dem Gottesdienst eine kleine improvisierte Pressekonferenz auf dem Platz abhielten, gab es zahlreiche freundliche, respektvolle Gespräche und Fragen. Einander Frieden zu wünschen, schafft Frieden.

Auf vielen Fotos aus dieser Zeit sieht man ein Meer aus weißen und grauen Haaren. Ja, die »Marias« der ersten Stunde waren vor allem die älteren Frauen. Die sich in den Kirchengemeinden seit Jahren und Jahrzehnten stark engagierten. Diejenigen, die immer da waren und sind, wenn es etwas zu tun gab. Sie waren einst in ihrer Jugend zum Gehorsam erzogen worden und hatten Jahrzehnte darunter gelitten. Dass sie nun mit uns aufbegehrten, hat mich deshalb nicht gewundert. Ich kenne von solchen Frauen viele Verletzungsgeschichten, die sie durch die Autorität einer Kirche erfahren haben, die Menschen das Weibliche als minderwertig einredet. Vieles, was sie in ihrem Alltag erlebt und erlitten haben, ist einfach widerlich. Die Bewegung *Maria 2.0* hat ihnen Mut gemacht zu sagen, was ist. Und die Frauen beginnen endlich zu reden, sich einander ihre Verletzungen zu zeigen. Alle spüren: Wir sind nicht allein.

Argumentiert wurde genug – seit Jahrzehnten. Weiblich, klug und unwiderlegt.

Wir umfließen nun die steingewordenen Gewissheiten durch Tun. Wie ein Netz aus quicklebendigen Bächen und Rinnsalen vernetzen wir uns als Bewegung *Maria 2.0* mit vielen anderen Menschen. Uns verbindet eine Sehnsucht, der Traum von einer jesuanischen Kirche, die Gott* in die Welt bringt.

Mit einem offenen Brief an Papst Franziskus sind wir gestartet. 42 349-mal wurde der Brief mitunterzeichnet. Am 25. Oktober 2019 haben wir das Schreiben und den Ordner mit den Unterschriften an Erzbischof Dr. Nikola Eterović, den Apostolischen Nuntius in Berlin, übergeben. Der Mann war vermutlich erleichtert, als wir sein Büro wieder verlassen haben. Vielleicht hat er, wie auch viele seiner Kollegen, insgeheim gehofft, dass sich das Ganze bald totläuft. Aber da irrte der Erzbischof.

Wie es scheint, wird die katholische Kirche für die Menschen von heute immer irrelevanter. Nicht, weil sie weniger nach Gott* suchen oder Jesus ihnen weniger bedeutet, sondern weil sie als Christ*innen in unserer Zeit leben wollen und nicht im 19. Jahrhundert.

Es ist an der Zeit, weiterzugehen und die Stimme zu erheben. Immer mehr Frauen und auch Männer schließen sich uns an. Schweigen war gestern.

Wir nennen uns
Christinnen und Christen,
darum sollten wir
zu Beginn den Blick
auf Jesus richten.
Um zu verstehen,
wie jesuanische Kirche
sein sollte.

1 / ZURÜCK ZUM URSPRUNG

»Wo zwei oder drei in meinem Namen zusammen sind, da bin ich mitten unter ihnen« – so hat es Jesus gesagt. Sein Wort gilt. Er ist bei uns. Wir nennen uns Christinnen und Christen, darum sollten wir zu Beginn den Blick auf Jesus richten. Um zu verstehen, wie jesuanische Kirche sein sollte.

Jesus wurde in einem Stall geboren, wuchs in einfachen Verhältnissen in Nazaret auf und arbeitete als Handwerker. Er baute viele Jahre lang Häuser, Tische und Bänke und wandte sich erst dann seiner eigentlichen Bestimmung zu. Als er sich von Johannes im Jordan taufen ließ und danach begann, im Land umherzuziehen, war er Anfang bis Mitte 30. Etwa ab dem Jahr 28 unserer Zeitrechnung trat Jesus öffentlich in Galiläa und Judäa auf. Ihm folgte eine wachsende Schar von Anhängerinnen und Anhängern. Sein öffentliches Wirken währte nur etwa zwei bis drei Jahre, darin sind sich die Geschichtsforscher einig. Aber Jesus veränderte alles.

Jesus kannte die überlieferten Schriften und Regeln seiner Religion, die eine – vermeintlich Göttliche –

Ordnung manifestierten. Er hat darüber nachgedacht, alles in seinem Herzen bewegt und dabei stets mit klarem Blick das große Ganze betrachtet. Aber er hat die alten Ordnungen hinter sich gelassen. Und eines steht fest: Mit Jesus bricht eine neue Zeit an. Er steht auf und sagt: Ändert euren Sinn! Ihr alle seid Gottes geliebte Kinder! Macht das sichtbar! Hört auf, Menschen für eure Zwecke zu benutzen! Hört auf, Gott* zu benutzen! Liebt einander und macht Gottes Liebe sichtbar unter euch! Euer Daseinsgrund ist Gottes Liebe, nicht seine Kontrollsucht! Er möchte eure Freiheit! Denn er hat euch nach *seinem* Bild erschaffen. Was ihr seid und was ihr könnt, ist sein Geschenk an euch! Stellt euer Dasein und eure Talente nicht unter den Scheffel! Nutzt sie, um die Welt für alle Menschen besser zu machen. Gottes Reich kann so schon heute anbrechen. Stellt euch, stellt euer ganzes Leben auf die Füße!

Was für eine Provokation für die fest gefügten Glaubenssitten und klaren Machtgefüge seiner Zeit!

Jesus wendet sich allen Menschen zu, gerade auch denen, die am Rand stehen. Er trifft sich mit Huren und Zöllnern, mit Aussätzigen und Verstoßenen. Er ist zu Gast bei den Ehrlosen und Verfolgten und spricht sie als geliebte Geschöpfe Gottes an. Analphabeten und Schriftgelehrte, Leichtsinnige und Wohlsituierte lädt er gleichermaßen ein, mit ihm am Tisch zu sitzen.

Jesus stellt sich hinter eine »Ehebrecherin« und bewahrt sie vor der Steinigung durch die Sittenwächter. Das ist ein weiteres Beispiel dafür, dass seine Sichtweise alles bislang Gekannte auf den Kopf stellt. Jesus verurteilt die Frau nicht, sondern fordert die Umstehenden auf: »Wer von euch ohne Sünde ist, der werfe den ersten Stein.« Und keiner der Männer traut sich, zu reagieren. Denn jeder hat in seinem Leben Schuld auf sich geladen.

Jesus redet in aller Öffentlichkeit mit Frauen. Das ist unerhört!

Eine Frau, deren Namen wir – wie so oft – nicht kennen, weil die männlichen Schreiber es nicht für nötig hielten, ihn aufzuschreiben, verhilft Jesus zu einer neuen Sichtweise. Ein Meilenstein! In Matthäus 15,21–28 wird berichtet: Eine fremde Frau begehrt seine Hilfe. »Herr, hilf mir!« Doch Jesus lehnt dies zunächst ab – das kann ich nicht verstehen. Aber die Frau lässt sich nicht demütigen. Sie steht unbeirrt für ihr Anliegen ein. Und durch ihren Glauben und die Beharrlichkeit bricht etwas auf in Jesus. Er spürt: Egal, was bisher galt, Gott* ist längst viel weiter. Sein Reich umfasst alle Menschen.

Jesus lernt von dieser Frau, auf was es ankommt. Die Begegnung weitet sein Herz und seinen Verstand. Dieser hartnäckigen, namenlosen kanaanäischen Frau gebührt unser Dank!

Frauen spielten zur Zeit Jesu eigentlich kaum eine Rolle in den gesellschaftlichen Debatten. Sie hatten ihre Aufgaben als Hausfrauen oder Mütter. Ansonsten waren sie nahezu rechtlos, hatten öffentlich nichts zu sagen, und man schloss sie von nahezu allen wichtigen Entscheidungen aus. Ausschließlich Männer bestimmten das gesellschaftliche Leben.

Von Anfang an gehörten Frauen zum Umfeld von Jesus. Nur von wenigen wissen wir die Namen. Ich denke an seine Mutter Maria, seine Weggefährtin Maria von Magdala, Salome und die Mutter des Jakobus, die ebenfalls Maria hieß – und außerdem an »viele andere Frauen«, wie es der Evangelist Markus lapidar zusammenfasst.

Die Jesusfreund*innen lebten von der Hand in den Mund. Viele hatten weder Haus noch Besitz. Oft waren sie zu Gast bei Gleichgesinnten. Um Jesus zu folgen, ließen viele seiner Anhänger*innen alles zurück: Elternhaus, Besitz, jede Sicherheit.

Bei Jesus haben Frauen eine Stimme. Er begegnet ihnen stets auf Augenhöhe, hört auf ihren Rat, achtet ihre Würde. Er agiert geschwisterlich.

Sogar die Schreiber der Evangelien, allesamt geprägt vom Patriarchat, kamen nicht umhin, über diesen außergewöhnlichen Umgang Jesu mit den Frauen zu berichten. Auch wenn sie in den meisten Fällen namenlos blieben oder nur am Rande der biblischen Erzählungen erwähnt werden.

Mit seinem Verhalten war Jesus in den Augen vieler gefährlich, weil er die machterhaltenden Strukturen seiner Zeit infrage stellte. Jesu Botschaft ist fundamental anders als die gängigen Verhaltensmuster: Sie fußt auf Liebe und Vertrauen statt auf Angst und Machterhalt. Aber mit Liebe und Vertrauen kann man Menschen nicht kontrollieren. Und wo Kontrollverlust droht, werden die Mächtigen schnell unsicher und aggressiv. Kein Wunder, dass die Mächtigen Jesus am Ende hinrichten ließen.

Und wieder waren es die Frauen, die Jesus beistanden. Sie harrten unterm Kreuz aus, bis er starb, während seine Jünger sich längst ängstlich davongemacht hatten. Die Evangelisten kommen nicht umhin zu erzählen, wer den Sieg des Lebens verkündete: die Frauen um Maria Magdala, die sich am Ostermorgen zum Grab aufmachten, während die Männer niedergeschlagen in ihren Verstecken ausharrten.

Die Rolle der Frauen in der Urkirche

In der Urkirche prägten Frauen an entscheidenden Stellen das Leben vieler Gemeinschaften, was sogar Paulus selbstverständlich fand. So schreibt er im Brief an die Galater (3,28): »Es gibt nicht mehr Juden und Griechen, nicht Sklaven und Freie, nicht männlich und weiblich; denn ihr alle seid einer in Christus Jesus.«

Paulus wohnte, wenn er in Philippi war, bei einer Frau – Lydia, einer Purpurhändlerin, die offensichtlich mit ihrem Geld die Gemeinde aufrechterhielt und ihr Haus zur Verfügung stellte. Aus Korinth stammte Cloe, eine Frau, von der Paulus über die Zustände in der dortigen Gemeinde erfuhr. Und Phoebe von Kenchräa, einem Ort nahe Korinth, wurde als »Vorsteherin und Diakonos« bezeichnet. Sie galt als Weggefährtin von Paulus und überbrachte der christlichen Gemeinde in Rom dessen Briefe. Auch Phoebe gehörte zum großen Kreis derer, die mit Paulus an der Verbreitung der jesuanischen Botschaft arbeiteten. Paulus nannte sie »Schwester«, ein Zeichen besonderer Wertschätzung.

Aquila und Priska waren ein Paar – hoch angesehen bei Paulus – und leiteten *zusammen* eine Gemeinde. Und es sind Andronikus und Junia zu nennen, von denen Paulus sagt, dass sie »mit mir zusammen im Gefängnis waren … sie sind angesehene Apostel, die sich schon vor mir zu Christus bekannt haben«.

Auch die frühen Kirchenväter sprachen von Junia mit Hochachtung. Johannes Chrysostomos (344 bis 407 nach Christus) schrieb über sie: »Ein Apostel zu sein, ist etwas Großes. Aber berühmt unter den Aposteln – bedenke, welch großes Lob das ist. Wie groß muss die Weisheit dieser Frau gewesen sein, dass sie für den Titel Apostel würdig befunden wurde.«

Die bedeutsame Rolle der Frauen in den frühen jesuanischen Gemeinden war mehr als ungewöhnlich. Denn eine derartige Begegnung von Männern und Frauen auf Augenhöhe hatte es zuvor noch nie gegeben.

Die Kraft der Liebe
und der Gleichheit
war anziehend
für die Menschen
und mächtiger
als alle Gewalt.

2 / WAS IST AUS DER JESUANISCHEN BEWEGUNG GEWORDEN?

In diesem Buch geht es um eine Bewegung, die eine solche Augenhöhe, die gleichen Rechte und die gleiche Würde für Frauen und Männer einfordert. Wir sind überzeugt, dass Jesus niemals vorhatte, eine auf männliche Vorherrschaft und Macht, auf römisch-monarchische Strukturen gegründete Bewegung zu initiieren. Es ging ihm nie um Strukturen, sondern immer um Beziehungen. Und seine Botschaft der Liebe war und ist das Band unserer Beziehung zu Gott*. Das ist sein Geschenk!

Jesus fordert uns zum Teilen auf, zum Teil-werden. Seinem Weg zu folgen, auf der Suche nach Frieden und Gerechtigkeit, darum geht es.

So wie es Jesus ihnen an jenem Abend in Jerusalem kurz vor seinem Tod aufgetragen hatte, teilten die Jesusfreund*innen miteinander und mit den Menschen aus den neu entstehenden Gemeinden Brot und Wein. Sie trafen sich in privaten Räumen und oft im Verborgenen, feierten Gottesdienst, brachen und teilten ihr Brot zum Gedächtnis und als Zeichen, dass alle Teil eines großen Ganzen waren. Verbunden durch Jesus und seinen Auftrag. Die ersten Christ*innen haben versucht, die Liebe zu leben, die sie selbst bei Jesus erfahren haben. Deshalb haben sie ihren Besitz untereinander und mit Bedürftigen geteilt.

Die neue Bewegung war den Mächtigen ein Dorn im Auge und wurde verfolgt – aber sie wuchs. Denn die Kraft der Liebe und der Gleichheit war anziehend für die Menschen und mächtiger als alle Gewalt.

Das, was wir heute als römisch-katholische Kirche kennen, hat mit diesen frühen Gemeinschaften von Christ*innen, die Jesus nachfolgten, kaum noch etwas zu tun. Die katholische Kirche wird von einem eigenen Staat in Rom regiert, und die geweihte Männermacht wird in alle Welt hierarchisch exakt herunterdekliniert. Die Kirche ist unermesslich reich, hat eines der besten diplomatischen Heere der Welt und großen politischen Einfluss. Frauen haben in dieser Kirche nichts oder nur sehr wenig zu sagen. Und jeglicher Versuch, dem Unsinn der Ungleichbehandlung mit Verstand oder Logik beizukommen, wurde nach meinem Empfinden bislang im Keim erstickt.

An der Basis hat der christliche Glaube oft noch Strahlkraft. Aber dort, wo die Kirche als mächtige, reiche, von geweihten Männern geführte Organisation auftritt, wird das Zarte, Liebevolle, Fürsorgliche des Glaubens schnell verdeckt von Machtgehabe und Selbstbeweihräucherung. Ich denke an Auftritte von Klerikern, die allein schon durch Habitus und Kleidung signalisieren, dass es nicht um Nähe zu Gläubigen geht.

Wie kam es dazu, dass sich die katholische Kirche zu dem entwickelt hat, was sie heute ist: eine weltweite Organisation, die die Hälfte ihrer Mitglieder qua Geschlecht von allen wichtigen Ämtern und Entscheidungen ausschließt?

Die frühe jesuanische Bewegung ist in einer von Männern seit Jahrtausenden beherrschten und gestalteten Welt groß geworden. Dann wurde sie im Römischen Reich zur Staatsreligion. Rasch wurde das Christentum im Laufe der Jahrhunderte vom Verfolgten zum Verfolger. Schon vorher hatten sich innerhalb der Gemeinden Hierarchien herausgebildet, natürlich ganz zeitgemäß mit Männern an der Spitze. Aber als der römische Kaiser Theodosius I. im Jahr 380 nach Christus entschied, das Christentum als Staatsreligion zu etablieren, formierte sich diese für die damalige Gesellschaft selbstverständliche Männermacht noch einmal neu. Ab sofort war klar, dass Frauen keine entscheidende Rolle mehr spielen sollten. Sie wurden von allen kirchlichen Leitungsämtern ausgeschlossen.

Macht verleitet die Menschen dazu, alles zu tun, um den erlangten Status zu erhalten.

Die nun römische Kirche diente – einmal mit Macht ausgestattet – in erster Linie dem Machterhalt. Sie vermischte gesellschaftliche Regeln, kirchliche und weltliche Machtansprüche. Die ursprüngliche Botschaft des Christentums wurde auf diese Weise bis zur Unkenntlichkeit mit pompösen Riten und Besitztümern überlagert.

Staatsreligion zu sein, bedeutete Macht. Römische Gewänder. Opferkult. Priester sein! Weg vom gemeinsamen Dankes-Mahl am gemeinsamen Tisch, mitten hinein in die bis dahin leere – dem Göttlichen Geheimnis vorbehaltene – Apsis. Mitten in diesem Heiligtum, allein am Altar, steht der römische Priester im Staatsornat. Zeichen der Göttlichen Macht und Stellvertretung.

Ab dieser Zeit wurden die Versammlungen und Gottesdienste der Christenheit streng reglementiert und unter männliche Kontrolle gebracht. Die römische, streng hierarchisch-monarchische Struktur wurde und wird bis heute herunterdekliniert vom Papsttum bis zum Diakon (einem Weiheamt, dessen Inhaber taufen, predigen und beerdigen darf und natürlich ein Mann sein muss). Seitdem gibt es auch das Angewiesensein aller Gläubigen auf die Anwesenheit eines geweihten

Priestermannes, ohne den sie dem Auftrag Jesu, zu seinem Gedächtnis ein gemeinsames Mahl zu feiern, angeblich nicht nachkommen können.

Jesus wollte die Gemeinschaft der Menschen. Nun gab es wieder die Unterscheidung in Männer und Frauen, Herren und Sklaven, Macht und Ohnmacht, oben und unten, Gewinner und Verlierer. Und es herrschten Befehl und Gehorsam, Macht statt Teilhabe. Das Liebesgebot, das im Christentum eigentlich über allem steht, das Eintreten für gleiche Rechte und gleiche Würde, so wie es Jesus vorgelebt hatte, ging verloren. Und die Augenhöhe, die Jesus lebte und lehrte, verdunstete in römischer Pracht und dem Machtgehabe eitler Männer. So entfernte sich die Kirche mehr und mehr von ihren Wurzeln.

Herrschaftsstrukturen innerhalb der Kirche verfestigten sich im Mittelalter. Und trotz vieler Frauen, die in dieser Zeit versuchten, die Kirche auf einen jesuanischen Weg zurückzuführen – ich denke an Hildegard von Bingen, Klara von Assisi und viele andere –, waren es die Männer, die herrschten. Das Ergebnis ist bekannt: Machtgekungel mit den Kaisern, Kreuzzüge, Ketzerverfolgungen und Kriege im »Namen Jesu«.

Die Rolle der Frau

Seit über 10 000 Jahren bis zum Anfang des letzten Jahrhunderts war die Rolle der Frau vor allem darauf festgelegt, dass sie der männlichen Lust diene, Nachkommen gebiert und die unangenehmen Arbeiten erledigt. Gehorsam dem Mann gegenüber war dabei selbstverständlich. Dass dieses Frauenbild auch römisch-katholisches Verständnis war und in hohem Maße weiterhin ist, ist verheerend und ein Verrat an dem Menschenbild, das Jesus seinen Nachfolgerinnen und Nachfolgern mit auf den Weg gegeben hatte. Thomas von Aquin (1225–1274), einer der einflussreichsten Philosophen und bedeutendsten Kirchenlehrer der römisch-katholischen Kirche, schreibt, bis heute von den führenden Köpfen der Kurie unwidersprochen: »Das Weib verhält sich zum Manne wie das Unvollkommene und Defekte zum Vollkommenen.«

Erinnern Sie sich an Junia, die Christin, von der ich bereits erzählt habe? Die mittelalterliche Geschichtsschreibung machte sie kurzerhand zu einem Mann. In der Lutherbibel und in der Einheitsübersetzung stand viele Jahrhunderte lang ein anderer Name: Junias. Aus dem weiblichen Namen wurde ein männlicher. Eine kirchlich verordnete Geschlechtsumwandlung – und man darf wohl vermuten, dass dies nicht die einzige war, bei all den männlichen Chronisten …

Zum ersten Mal tauchte der vermeintliche »Junias« im 13. Jahrhundert auf, bei Ägidius von Rom. Übrigens, wer hätte es gedacht, der Mann war ein Schüler des Kirchenlehrers Thomas von Aquin. Es gab vonseiten dieser schreibenden Herren – ganz im Gegensatz zu Jesus – praktisch kein Ohr und keinen Blick für Frauen. Für all das, was sie konnten, waren, taten, veränderten, leisteten. Das ist die unheilvolle Tradition, in der unsere Kirche bis heute feststeckt. Das Patriarchat frisst seine Kinder.

Wir stehen also, was die Rolle der Frau in der Kirche betrifft, heute in Deutschland und auch weltweit mit unseren römisch-katholischen Brüdern und Schwestern nicht viel anders da als im Jahr 300 oder zu Zeiten des Mittelalters. Es gibt in der katholischen Welt eine zutiefst verstörende, freilich heute selten direkt ausgesprochene Überzeugung, das Weibliche sei minderwertig und daher zum Beispiel nicht zu Entscheidungen fähig.

Die katholische Kirche hat weltweit etwa 1,3 Milliarden Mitglieder. Seit über 1700 Jahren ist etwa die Hälfte davon wegen ihres weiblichen Geschlechts von jeglicher Entscheidungsbefugnis und damit Gestaltungsmöglichkeit ausgeschlossen. Begründet wird dies mit guter, alter »Tradition«. Als ob es ihn nie gegeben hätte, diesen Jesus von Nazaret.

Wir sind Kirche
und mitverantwortlich
für das,
was in ihr geschieht.

3 / REIF FÜR VERÄNDERUNG

Lehre und Recht der Kirche sind Herrenlehre und Herrenrecht und heute von Geschwisterlichkeit so weit entfernt wie zu römischen Zeiten. Es gab und gibt sexuelle und spirituelle Gewalt gegen Frauen, Kinder und Abhängige. Der Umgang mit vielen Verbrechen, die sich nicht mehr geheim halten lassen, ist katastrophal. Die Geschichten sind heftig, die Klagen der Betroffenen werden lauter. Dennoch gibt es im »System Kirche« kaum Konsequenzen. Mögen hier und da ein paar Priester oder sogar der eine oder andere Bischof suspendiert werden – an der Struktur, der Organisation, die diese Gewalt ermöglicht, ja sogar begünstigt, wird um Himmels willen nicht gerührt! Als ob Zehntausende oder erheblich mehr – wer weiß das schon so genau angesichts der vermutlich hohen Dunkelziffer – geschändete Kinder, Frauen und Männer kein ausreichender Grund wären, etwas an der »gottgewollten Ordnung« der Kirchenstruktur zu ändern.

Statt Missbrauchsfälle bei der Justiz anzuzeigen, wurde in der Vergangenheit oftmals entschieden, die Sache intern zu regeln und den übergriffigen Priester einfach an eine andere Stelle zu versetzen – wo viele dann erneut übergriffig wurden. Erst im Juni 2020 – zehn Jahre nach den schockierenden Berichten über zahlreiche Missbrauchsfälle – veröffentlichte die katholische Kirche eine umfassende Erklärung zum Umgang mit den Missbrauchsfällen.[2] Dies war längst überfällig.

Anfang Oktober 2020 wurde bekannt, dass der Kölner Kardinal Meisner schon frühzeitig über Missbrauchsfälle informiert war. 2015 hatte er in einem Interview mit Birgit Wentzien im Deutschlandfunk behauptet, von all dem nichts geahnt zu haben. Als die Journalistin auf den sexuellen Missbrauch durch Priester in allen 27 Bistümern zu sprechen kam und Kardinal Meisner fragte: »Haben Sie davon etwas geahnt?«, antwortete dieser scheinbar entrüstet: »Nichts geahnt! Nichts geahnt! Wissen Sie, ich habe mir das doch nicht vorstellen können.«[3] Dass dies nicht der Wahrheit entsprach, offenbarte der Hamburger Erzbischof Stefan Heße, der von 2006 bis 2012 Personalchef und von 2012 bis 2014 Generalvikar in Köln war, in einem Beitrag für *Christ & Welt* vom 2. Oktober 2020: »Wenn die Fälle zu mir kamen, habe ich bei nächster Gelegenheit Kardinal Meisner informiert, genauso wie den Generalvikar.« Stefan Heße ist meines Wissens der erste deutsche Bischof, der sich überhaupt im Detail zu solchen Vorgängen geäußert hat. Als ich den Beitrag las, dachte ich zurück an die Pressekonferenz der Deutschen Bischofskonferenz am 25. September 2019 in Fulda. Die letzte Frage stellte damals Dr. Christiane Florin vom Deutschlandfunk an den damaligen Vorsitzenden der Deutschen Bischofskonferenz, Kardinal Reinhard Marx: »Eine Frage noch zur persönlichen Verantwortung. Hier sind jetzt über 60 Bischöfe versammelt. Gibt es einen oder zwei, die im Zuge ihrer Beratung gesagt hätten: Ich habe so viel persönliche Schuld auf mich geladen, ich kann eigentlich diese Verantwortung des Amtes nicht mehr tragen?«

Kardinal Reinhard Marx antwortete schlicht: »Nein.«

18 Sekunden dauerte die Frage, weniger als 1 Sekunde die Antwort. Danach war die Pressekonferenz zu Ende.

Mir stockte buchstäblich der Atem. Dieses *Nein*, ohne ein weiteres erklärendes, relativierendes, um Verständnis bittendes Wort, zeigte die abgrundtiefe Hilflosigkeit und gleichzeitig unfassbare Überheblichkeit dieser Kirchenmänner. Jede*r ahnt, dass viele amtierende deutsche Bischöfe sexuelle Gewalt in der Kirche zugelassen haben: durch Wegschauen, Verschleiern und Vertuschen, das Versetzen der Täter an andere Stellen, wo sie weiteres Unheil anrichten konnten. Indem die verantwortlichen Kirchenmänner die Täter nicht angezeigt, Opfern nicht wirklich beigestanden und weggeschaut haben, konnten viele Täter fast ungestört ihrem grauenhaften Treiben nachgehen.

Der Mannheimer Wissenschaftler Harald Dreßing, der zusammen mit Kolleginnen und Kollegen des Zentralinstituts für Seelische Gesundheit der Medizinischen Fakultät Mannheim und dem Institut für Kriminologie der Universität Heidelberg Daten der MHG-Studie[4] analysiert hat, sieht Hinweise darauf, dass in der katholischen Kirche in der Vergangenheit häufiger sexualisierte Gewalt gegen Kinder und Jugendliche vertuscht wurde, als dies etwa in Schulen oder Sportvereinen der Fall war. Er stellt fest: »Bei 52 Prozent der Kleriker finden sich Hinweise auf eine formelle institutionelle Verharmlosung oder Vertuschung, bei den Tätern aus anderen Institutionen ist das nur bei 3 beziehungsweise 6 Prozent der Fall.« Und: »Die Personalaktenanalyse ergab weiterhin Hinweise darauf, dass es für die katholische Kirche spezifische systemische Bedingungen gibt, die den sexuellen Missbrauch von Minderjährigen begünstigen. Als spezifische Problemgebiete wurden die mit den modernen Erkenntnissen der Humanwissenschaften nicht kompatible katholische Sexualmoral und deren Haltung zur Homosexualität, ein problematischer Umgang mit dem Zölibat sowie der Missbrauch klerikaler Macht im Sinne eines Klerikalismus identifiziert.«[5]

Und trotz all der schrecklichen Erkenntnisse und Vorgänge kommt nicht ein einziger der etwa 60 Bischöfe auf die Idee, seine Eignung für das Amt infrage zu stellen. Das ist der eigentliche Skandal hinter den vielen sogenannten Missbrauchsskandalen der letzten Jahre.

Vor über zehn Jahren, am 28. Januar 2010, hatte ein Bericht der *Berliner Morgenpost* über die sexuelle Gewalt am Canisius-Kolleg der Jesuiten eine Lawine losgetreten. Der Jesuitenpater Klaus Mertes verfolgte als Schulleiter die Aufklärung mit großer Hartnäckigkeit, und die betroffenen Schüler brachen das Schweigen. Sie erzählten von ihrer jahrelangen Ohnmacht gegenüber den Tätern, dem Missbrauch, der ihr ganzes Leben belastet hatte, und den schweren Folgen. Es waren nicht die ersten Geschichten über Priester und Ordensleute, die sich an Kindern und Jugendlichen vergangen hatten. Aber nach und nach wurde nun bekannt, welche Ausmaße der Missbrauch in der katholischen Kirche hatte. Und die Kirche, die fortwährend von der Liebe predigte, versuchte dennoch weiterhin, vor allem die Institution als solche zu schützen, indem sie die Vorgänge lange Zeit herunterspielte, statt für wirkliche Aufklärung zu sorgen. 2018 sprach Bundesjustizministerin Katarina Barley mit Blick auf die Haltung der katholischen Kirche zur Herausgabe von belastenden Akten von »einer Wagenburgmentalität, die lieber die

Organisation schützt als das Wohl der Kinder«. Bitter: Bei all dem nahm und nimmt die Kirche in Kauf, dass sich die Menschen mehr und mehr von ihr abwandten und -wenden. Mehr als zehn Jahre nachdem sich der Jesuitenpater Klaus Mertes mit seinen Erkenntnissen zur Sachlage an die Öffentlichkeit gewandt hat, steht die Aufarbeitung von sexualisierter Gewalt an Abhängigen, Kindern, Frauen und Männern aus meiner Sicht immer noch am Anfang. Noch weniger im Blick sind der spirituelle Missbrauch und die Gewalt, die Frauen angetan wurde und in vielen Ländern der Erde immer noch angetan wird, indem sie genötigt werden, mit gewalttätigen oder ungeliebten Männern zusammenzuleben. Ich kenne viele alte Frauen, die nach dem Krieg in Deutschland eine Hölle auf Erden erlebten, weil die katholische Lehre und der »Beichtvater« ihnen verboten, sich von prügelnden Partnern und Ehemännern, die sie vergewaltigten, zu trennen. Ich schäme mich dafür, dass so etwas in der Kirche, der ich angehöre, möglich war und ist.

Bis heute gibt es in der Missbrauchsdiskussion vonseiten der katholischen Bischöfe kaum persönliche Schuldbekenntnisse. Kein »Ich habe versagt«. Bischöfe bedauern, reden von anderen Sichtweisen in anderen Zeiten, allgemein von Schuld und Sünde, gern auch – und das ist niederträchtig – von Vergebung. Sie schachern mit Betroffenenverbänden, bieten »Wiedergutmachung« an und ziehen sich dann oftmals wieder in den Nebel innerkirchlicher Diskussionen zurück. Jahrelange Debatten führen am Ende zu einem finanziellen Angebot als Wiedergutmachung für Opfer. Aber kein Einziger – nicht einer (!) – kratzt wirklich am System an sich. Die pyramidale Struktur der kirchlichen Hierarchie darf anscheinend unter keinen Umständen infrage gestellt werden. Die Opfer scheinen eine lästige Nebensache zu sein.

Die zynischste aller Lesarten sexueller Gewalt ist die Auslegung, der Priester hätte damit gegen seinen Zölibat und gegen das sechste Gebot verstoßen. Bis vor einigen Jahrzehnten wurde im Religionsunterricht dieses Gebot nach dem katholischen Katechismus so gelernt: »Du sollst nicht Unkeuschheit treiben!« Inzwischen lautet es in moderner Sprache: »Du sollst nicht ehebrechen.« Das zweite, fünfte und achte Gebot finden bei der oben bereits erwähnten Auslegung keine Erwähnung. Dabei geht es doch, wenn Menschen als Repräsentanten ihrer Kirche sogenannte Weiheämter ausüben und dabei andere Menschen drangsalieren und missbrauchen, um viel mehr als um »Unkeuschheit«, und schon gar nicht um Ehebruch. In den Geboten heißt es: »Du sollst den Namen deines Gottes nicht verunehren.« (II. Gebot), »Du sollst nicht töten.« (V. Gebot) und »Du sollst nicht falsch gegen deinen Nächsten aussagen.« (VIII. Gebot). All das geschieht leider immer wieder, wenn es um Missbrauch innerhalb kirchlicher Strukturen geht. Wie viele Menschen haben sich in ihrer Verzweiflung umgebracht? Wie viele haben ihr Leben lang gelitten – auch unter den falschen Aussagen ihrer Peiniger und von deren Helfern?

Es gibt viele Ursachen für den verbreiteten Machtmissbrauch und die sexuelle Gewalt in unserer Kirche.

Einige davon sind die ausschließliche Männer-Macht, monarchisch-hierarchische Strukturen, das Festhalten am Pflicht-Zölibat und eine damit einhergehende, tief sitzende Verachtung alles Weiblichen.

Wir müssen den Finger in diese Wunde legen, denn wir sind Kirche und mitverantwortlich für das, was in ihr geschieht.

Jesus legte keinen Wert
auf Insignien der Macht
oder Ämter.
Immer war er
auf der Seite derer,
die nur wenig
zu melden hatten.

4 / PRIESTERTUM

Das, was alle Machtträger der römischen Kirchen-Hierarchie verbindet, ist die Weihe, die sie sich seit römischer Zeit gegenseitig spenden. Dies wird nur den männlichen Berufenen Gottes zuteil. Frauen wird ja nicht nur das Recht abgesprochen, Priesterin zu sein – ihnen wird jede Form des »Sich-berufen-Fühlens« abgesprochen. Denn dies, so die Kirchenlehre, kann ja in der Logik eines männlichen Gottesbildes gar nicht sein. Während in frühchristlicher Zeit auch Frauen Gemeinden leiteten und diakonisch tätig waren, verschwanden diese (sichtbaren) Frauen spätestens, als aus der jesuanischen Bewegung die römische Staatskirche wurde. Frauen konnten keine Priesterinnen werden. Das hat viel mit archaisch-kultischen Vorstellungen zu tun. Mit Unreinheit, Menstruation und Gebärfähigkeit, also sichtbarer Sexualität. Eine Angst vor dem Weiblichen und die Verachtung, die diese Furcht zu kaschieren versucht, sind in allen Religionen immanent vorhanden. Denn weibliche Blicke und Einflüsse auf Leitungsebene könnten dafür sorgen, dass männerbündische Strukturen verändert würden. Das würde Männermacht schmälern. Also sind Frauen als Priesterinnen und Bischöfinnen in der katholischen Kirche nicht erwünscht.

Dabei zeigt die kirchliche Praxis, dass vielerorts vor allem die Frauen dafür sorgen, dass die Arbeit der Gemeinden am Leben erhalten werden kann. Die sogenannten Laien leiten ehrenamtlich Wortgottesdienste und Kommunion und teilen dabei die – vorher von einem Priester geweihten – Hostien aus.

Frauen leiten haupt- oder ehrenamtlich Firm- oder Kommunionkurse. Sie beerdigen, sie predigen – was sie offiziell nicht dürfen und wofür sie oft genug angeschwärzt werden. Frauen haben, so sehe ich es, ein Gespür für das Heilige im Leben. Für den Anfang und das Ende, für die Lasten und die Freuden. Aber das Spenden der Sakramente im katholischen Ritus ist ihnen verwehrt.

Es gibt Frauen, die gerne Priesterin in der römisch-katholischen Kirche werden wollen. Sie sagen, dass sie sich dazu berufen fühlen. Aber die römische Lehre schließt dies aus und sagt, dass sich eine Frau gar nicht berufen fühlen könne, da Gott* sie ja nicht berufe.

Mit welchem Recht werden solche Feststellungen von Kirchenoberen getroffen?!

Hinzu kommt: In einer Zeit des Priestermangels findet ein Ablehnen von männlichen Priesteranwärtern,

z. B. aufgrund mangelnder Fähigkeiten, ja kaum noch statt. Man möchte an ihre »Berufung« glauben und ist froh, dass es überhaupt jemanden gibt, der noch Priester werden will. Ohne Priester geht ja angeblich nichts. Deshalb besser ein schlechter Priester als gar kein Priester.

Ein Mann schrieb an *Maria 2.0,* dass er, selbst wenn er wüsste, dass der Priester, der soeben die »Wandlungsworte« gesprochen und das Brot gesegnet hat, das er ihm zur Kommunion reicht, zuvor in der Sakristei einem Kind Gewalt angetan hätte, dennoch aus dessen Händen voller Andacht den »Leib Christi« entgegennehmen könnte. Solche Aussagen, solch ein verdrehter, unheilvoller Glaube machen mich zutiefst traurig und ratlos.

Viele Frauen wollen nicht länger in der »eucharistischen Abhängigkeit« von einem Priester stehen. Sie feiern darum selbst (Haus-)Gottesdienste und brechen das Brot beim Liebesmahl, das uns mit Jesus verbindet.

Und ja, niemand braucht uns vorstehen. Es reicht, sich in Jesu Namen zu versammeln und zu wissen, dass er dann mitten unter uns ist.

Die Kirchenleitung will das scheinbar gar nicht so genau wissen. Denn dann müssten sie in Kirchenlehre-Logik handeln und dieses selbst ermächtigte Tun verbieten. Und dann gäbe es Aufruhr ohnegleichen. Es käme zu einem Exodus derer, die die jesuanische Botschaft ernst nehmen und Kirche nicht nur als folkloristische Eventveranstaltung zu Weihnachten und Ostern oder als romantische Kulisse für Familienfeste betrachten.

Welch eine Lebendigkeit entstünde in den Gemeinden, wenn deren Mitglieder den oder die Geeignetste*n darum bitten könnten, eine Zeit lang die Gottesdienste zu leiten. Wenn sich die Kirche auf das Priestertum aller Getauften besinnen würde. Welch ein Segen wäre ein Verteilen der Aufgaben und Pflichten auf mehrere Schultern – weg von der Überforderung einzelner, immer weniger werdender Priester, die immer mehr Gemeinden versorgen müssen.

Schon heute engagieren sich Frauen und Männer ehrenamtlich, gestalten Liturgie und Gemeindeleben – aber immer in Abhängigkeit vom zuständigen Pfarrer. Kommt ein neuer Pfarrer, kann er theoretisch alles gewachsene Gemeindeleben mit einem Handstreich beenden, sein Amt gibt das her. Er hat die Befugnis dazu.

Ich kenne Gemeinden, die gut funktionierten, während es für längere Zeit keinen Priester gab, der sich um die Arbeit vor Ort kümmerte. Gemeinschaften von Christinnen und Christen, bei denen sich gerade durch die Abwesenheit eines kirchlichen Amtsträgers ein demokratisches, lebendiges Gemeindeleben entwickelte. Dann kam ein neuer Pfarrer, und alles war vorbei, weil dieser vieles anders sah und wollte.

Während der Corona-Pandemie erschien die Daseinsberechtigung einer Priesterschaft in einem ganz neuen Licht. Denn plötzlich ging gar nichts mehr. Unter der Überschrift »Fülle in der verordneten Leere« berichtet eine Gruppe von zehn *OrdensFrauen für MenschenWürde* von ihren Ostererfahrungen während der Corona-Krise 2020: »Wir hatten alles geplant. Wir hatten uns um einen Priester bemüht, weil das nach den Regeln der katholischen Kirche so zu sein hat. Doch dann kam ganz überraschend und sehr kurzfristig [...] die Absage, und wir standen vor der Situation, nun selbst feiern zu müssen, sollen, dürfen, können ...« So beschreibt eine Ordensfrau die Tage kurz vor Ostern. Viele Gläubige machten solche Erfahrungen, als alle öffentlichen Gottesdienste abgesagt werden mussten. Die zehn Ordensfrauen schreiben weiter: »Wir hatten keine Wahl, und genau das eröffnete echte Alternativen. [...] Einer Priorin/Oberin steht die geistliche Leitung einer Gemeinschaft zu – aber nicht der Vorsitz bei der Eucharistiefeier. Welches Gemeindebild, welches Priesterbild und welches Frauenbild stehen dahinter?

Hier zeigen sich eine Schieflage der katholischen Kirche und eine extreme Abhängigkeit der (Ordens-)Frauen von einem geweihten Mann. [...] Ist die Eucharistie eine gemeinsame Mahlfeier oder ein exklusives Geschehen, das dem geweihten Priester vorbehalten ist? [...] Warum muss das gültig gefeierte Sakrament immer noch an der kirchengeschichtlich gewachsenen Entscheidung hängen, dass nur ein ehelos lebender Mann zum Priester geweiht werden kann? Warum können nicht endlich, um jeder Gemeinde die sonntägliche Eucharistiefeier mit einer Gemeinschaftserfahrung zu ermöglichen, Personen beiderlei Geschlechts aus der Gemeinde zu diesem Amt beauftragt werden – natürlich mit entsprechender Ausbildung? [...] Dienen unsere sakramentalen Formen wirklich dem Leben, oder hat sich das Leben nicht inzwischen den Formen unterzuordnen? [...] Es machte sich bei uns Unbehagen breit, wenn Bischöfe/Priester sehr großzügig verkündeten, dass sie stellvertretend für die abwesende Gemeinde Eucharistie feierten.«

Dann halten die Ordensschwestern fest: »Wir haben Brot und Wein geteilt, und vielfältige Erfahrungen zeigen, dass darin Jesus Christus als präsent erlebt wurde. Beim Abendmahl gab Jesus seinen Freunden den Auftrag: ›Tut dies zu meinem Gedächtnis!‹ (1 Kor 11,24–25). [...] Seine Gegenwart zeigt sich in der

Gemeinschaft, in seinem Wort, in vielen weiteren Ereignissen der Feier und in besonderer Weise in Brot und Wein. […] Die lebendigen Agape-Erfahrungen können nicht mit der Konsumierung von konsekrierten Hostien (›aus der Konserve‹) verglichen werden. […] So erfuhren wir uns im gemeinsamen Feiern immer wieder als Eingeladene und Beschenkte …« Eine Schwester fasste das gemeinsame Feiern schließlich so zusammen: »Ich habe noch nie in so viele strahlende Gesichter schauen dürfen, die berührt und erfüllt von diesen Tagen und unserem Feiern waren. […] Es gibt für uns kein Zurück mehr hinter die Erfahrungen dieser Corona-Wochen 2020 – einer unglaublichen Fülle in der verordneten Leere.«[6]

Warum sind Frauen von der Weihe ausgeschlossen?

Wann immer ich einen Bischof treffe, frage ich ihn nach der Weihe von Frauen und seiner Meinung dazu. Die anschließenden Diskussionen gleichen sich. Fast jedes Mal ist »Tradition« die erste Begründung für den Ausschluss der Frau von der Weihe. Da wird nicht von Sinn und Unsinn geredet, nicht von eigener Haltung oder Schlussfolgerungen. Nein. Erst kommt die Tradition: »Das war schon immer so, das hat sich doch bewährt. Warum sollten wir das nun ändern, nur weil der Zeitgeist das fordert?«

Mit der Tradition ist es ja so eine Sache. Tradition kann etwas Wundervolles sein. Das Spekulatiusrezept meiner Urgroßmutter zum Beispiel, das die Familientradition von Generation zu Generation weitergibt, das haben wir in aller Freiheit bis heute in Gebrauch. Denn unser Verstand sagt uns: Es ist wichtig, Gutes zu backen. Und unsere Liebe weiß, dass sie bei Kindern und Enkeln durch den Magen geht. Ja, wir sind sogar so frei und fügen dem guten alten Rezept ab und an ein neues Gewürz hinzu. Leckere, wohltuende, stärkende, sich wandelnde Tradition!

Aber es gibt auch die dunkle Seite von Traditionsverständnis. Früher war es z. B. nicht strafbar, sein Kind grün und blau zu schlagen. Nach dem Motto: »Das war schon immer so, dass dem Vater mal die Hand ausrutscht.« Elterliche Gewalt als Erziehungstradition, natürlich alles aus Liebe.

Irgendwann erkannten kluge Menschen, dass Schläge nicht nur dem Körper, sondern auch der Seele und dem Charakter eines Menschen schweren Schaden zufügen. So wurde nach und nach mit dieser Tradition gebrochen. Verboten wurde die elterliche Prügelstrafe erst im November 2000. Endlich! Denn es war eine böse, schädliche, unheilvolle Tradition.

Tradition an sich ist also kein Argument. Es kommt im kirchlichen Kontext darauf an, ob sie dem Leben und der Verkündigung der *Frohen* Botschaft dient, ob sie Menschen hilft und aufrichtet. Und Tradition, die nicht mehr wärmt und neuen Generationen keine neue Energie gibt, sondern immer nur um ihrer selbst willen erhalten wird, ist nichts als kalte Asche.

Die Bischöfe reden in solchen Gesprächen, wie schon erwähnt, zunächst von Tradition, um eine Ablehnung der Frauenweihe zu begründen. Wenn man dann mit dem Spekulatiusrezept der Oma um die Ecke kommt oder der Prügelstrafe – Argumenten, denen sie wenig entgegenzusetzen haben –, kommt als Nächstes in aller Regel der Satz: »Johannes Paul II., der Heilige (!), hat gesagt …«

Unfehlbarkeit

Johannes Paul II., inzwischen von seinem Nachfolger heiliggesprochen, verkündete am 22. Mai 1994, dass die Kirche nicht bevollmächtigt sei, Frauen zu Priestern zu weihen. Endgültig. Punkt. Amen. In Ordnung, würden jetzt normale Menschen sagen, aber Johannes Paul II. war doch auch nur ein Mensch, der irren konnte – wenn auch ein heiliggesprochener. Und ein entdeckter Irrtum kann ja wohl nicht zur ewigen Richtschnur erhoben werden. Eigentlich logisch – nicht aber in der katholischen Kirche. Denn es gibt dort ein Dogma – eine unverrückbare Wahrheit – der päpstlichen »Unfehlbarkeit«. Dieses Dogma hat Papst Pius IX. übrigens beim ersten Vatikanischen Konzil im Jahre 1870 selbst erfunden. Damals entschied er gegen den heftigen Widerstand vieler Bischöfe, dass der Papst in Lehrmeinungen per definitionem nicht falschliegen könne. Weil es der Papst war, der dies entschieden hatte, muss man das so hinnehmen – jedenfalls als Katholik, der nicht selbst denken darf oder will.

Der Theologe Hermann Häring sagt zu dem Unfehlbarkeitsdogma: »Die Geschichte hat seit 1870 das Unfehlbarkeitsdogma als einen königlichen Weg kirchlicher Selbstbestätigung entlarvt. Wer seinem unterschwelligen Narzissmus auf die Spur gekommen ist, wundert sich nicht mehr über seine vielfach brüchigen Begründungen. [...] Man erklärte sich für unfehlbar, um in dieser vorweggenommenen Vollmacht die eigene Unfehlbarkeit festzustellen.«[7]

Man nennt so eine sich derart selbst bestätigende Kreisbewegung auch Teufelskreis. Eine Art Abwärtsspirale, in der sich mehrere Faktoren gegenseitig verstärken und so einen Zustand immer weiter verschlechtern.

Wenige wissen, dass diese Unfehlbarkeitsklausel in Wirklichkeit erst zweimal angewendet wurde. Und zwar nicht von Johannes Paul II. Trotzdem behauptet der hohe Klerus, dass der Beschluss von Johannes Paul II.

nicht mehr anfechtbar sei. Es ist, wie es ist, und für alle Zeiten so: »Die Kirche ist nicht bevollmächtigt, Frauen zu Priestern zu weihen.«

Bemerkenswert finde ich in diesem Zusammenhang, dass in der päpstlichen Verordnung davon die Rede ist, »Frauen zu Priestern zu weihen«. Wenn die Kirche dazu in der Lage wäre, käme dies einem Wunder gleich. Es wäre sozusagen eine katholische Geschlechtsumwandlung. Sollte Johannes Paul II. hier ein Hintertürchen offen gelassen haben? Damit einer seiner Nachfolger es vielleicht irgendwann einmal so formulieren könnte: »Die Kirche ist zwar nicht bevollmächtigt und auch gar nicht in der Lage, Frauen zu Priestern zu weihen, aber ab heute weihen wir Frauen zu Priesterinnen.« Vielleicht ist das Ganze aber auch nur ein Übersetzungsfehler und kein Hintertürchen.

Das Unfehlbarkeitsdogma oder »die katholische Lehre«, die sozusagen die kleine Schwester der Unfehlbarkeit ist, führt nun dazu, dass es sich der Bischof leicht machen kann, wenn er gefragt wird. Und so kommt es zu sich selbst widersprechenden Aussagen wie der von Georg Bätzing, dem aktuellen Vorsitzenden der Deutschen Bischofskonferenz. Dieser hält fest, dass er selbst als Teil einer Gesellschaft, in der die Gleichberechtigung der Geschlechter ein fundamentales Recht darstellt, bei der Forderung nach den Weiheämtern der Frauen nicht sehen kann, »inwiefern darin ein Fehler liegen könnte, der das Leben der Kirche auf eine schiefe Bahn bringt«. Er sei aber auch Bischof und katholischer Amtsträger. »Als solcher werde ich vortragen, dass das Lehramt der Kirche sich erklärtermaßen nicht für befugt hält, Frauen zu weihen.«[8]

Was tut dieser Bischof hier? Er gibt zu, dass er mit seinem geschulten Verstand nicht begründen kann, warum man Frauen nicht zu Priestern weihen bzw. ihre Berufung ernsthaft prüfen sollte. Seine Begründung, es dennoch nicht zu tun, lautet: »Aber das Lehramt der Kirche sieht es so.« Hier lebt jemand vor, was aufgeklärte Menschen nicht länger hinzunehmen bereit sind: dass man einer von oben diktierten Meinung wie ein Schaf folgen muss, sosehr sie auch der eigenen Erkenntnis widerspricht.

In der Bibel heißt es: »Eure Rede sei: Ja ja, nein nein; was darüber hinausgeht, stammt vom Bösen.« (Mt 5,37)

Selbst Kinder erspüren, dass das eigene Gewissen wichtiger ist als Befehle. Ich war etwa vier Jahre alt, da verklebte mir eine Ordensschwester im Kindergarten den Mund mit einem Pflaster. So musste ich eine Stunde lang im Waschraum stehen. Alle anderen Kinder wurden ermuntert, mich auszulachen. Der Grund für diese wirklich grausame Strafe war Ungehorsam: Ich hatte beim kollektiven Warten vor den Toiletten meiner Freundin ein paar Worte zugeflüstert. Und das trotz Redeverbots!

Aber weder beim Regelbruch noch während und nach der Strafe hatte ich ein schlechtes Gewissen. Denn ich erkannte: Die Regel war unsinnig. Als Kind war ich freilich der Situation trotz dieser Erkenntnis ohnmächtig ausgeliefert.

Bischöfe sind erwachsen. Sie sollten ihrem Gewissen folgen und nicht einer Lehrmeinung.

Ebenso unsinnig ist es, wenn Kardinal Marx schon im Vorfeld des *Synodalen Weges,* auf den sich Kleriker und Laien ab November 2019 begaben, behauptet, »nicht hinter die Entscheidung Johannes Paul II. zurückzukönnen«. Denn das könnten die deutschen Bischöfe sehr wohl, weil sich die katholische Kirche letzten Endes auf Jesus von Nazaret beruft. Und der hat überhaupt niemanden beauftragt, Priester oder Priesterinnen zu weihen. Jesus hatte bekanntlich seine Schwierigkeiten und Konflikte mit amtierenden Priestern. Letztendlich haben diese auch für seinen grausamen Tod gesorgt. Jesus legte keinen Wert auf Insignien der Macht oder Ämter. Immer war er auf der Seite derer, die nur wenig zu melden hatten.

Der *Synodale Weg*

Bevor im Herbst 2019 der auf zwei Jahre angelegte *Synodale Weg* begann, kam eine diskrete Anfrage an uns Frauen von *Maria 2.0,* daran teilzunehmen. Ich bin sehr froh, dass wir uns damals entschieden haben, das nicht zu tun. Bei aller Bewunderung für viele, die mit dabei sind, wenn Priester und sogenannte Laien um Reformen für unsere Kirche ringen und streiten, sehe ich auch, dass viele Synodale vorsichtig sind oder ihre Meinung so zaghaft formulieren, dass ihre Haltung fast nicht mehr zu erkennen ist. Und ein Kardinal Marx, der zum Thema »Frauen und Ämter« das Ergebnis quasi schon verkündet, bevor die Gespräche losgehen, hat all denen, die sich nach Veränderung sehnen, nicht gerade Mut gemacht. In mehreren Interviews betonte er zwar, wie wichtig er es findet, dass Frauen in der Kirche Leitungsfunktionen besetzten. Zugleich sieht er das Thema »Frauenordination« kritisch. Und da die katholischen Priester eben diejenigen sind, die nach kirchlichem Verständnis die Gemeinden oder mittlerweile größere Zusammenschlüsse von Gemeinden leiten, sieht es mit Mitspracherechten für alle eher trübe aus.[9]

Es steht zu befürchten, dass viele Menschen ihre Energie und Begabung in einen Prozess investieren, der am Ende nur in altbekannte Sackgassen führt.

Man kann auch denken: Es ist immer gut, überhaupt miteinander zu reden. Und ja, das stimmt. Es kommt beim *Synodalen Weg* auch einiges auf den Tisch, was so manche sich niemals hätten träumen lassen. Ich denke an Michaela Labudda, eine Gemeindereferentin, die im Januar 2020 eine beeindruckende Rede gehalten hat, in der sie am Ende festhält: »Ich hatte das Glück, einen Glauben der Freiheit zu erfahren [...] Aber vor allem bin ich in dieser Kirche ›trotzdem‹. [...] Trotz [...] der Erfahrung, dass ich als engagierte Christin in der Kirche systemisch keine andere Chance habe, als mit dem Kopf immer wieder vor jene dicke Glaswand zu laufen ...«[10] Es gehört Mut dazu, sich vor eine Versammlung zu stellen, von der man weiß, dass in dieser Runde auch mächtige Kirchenmänner sitzen, die für solche Worte kein Verständnis haben. Und die vermutlich auch nicht bereit oder in der Lage sind, die Tür für neue Ideen auch nur einen Millimeter weit zu öffnen.

Wir Frauen von *Maria 2.0* wollten jedenfalls nicht zwei Jahre lang die Füße stillhalten und beim *Synodalen Weg* mitdiskutieren. Ein Sich-Einbringen ist oft auch damit verbunden, an manchen Stellen taktisch klug vorzugehen und deshalb vielleicht besser eine Weile lang mit der eigenen Meinung hinter dem Berg zu halten. Das wollten wir keinesfalls.

»Wes Brot ich ess, des Lied ich sing«, heißt es im Volksmund. Man hätte uns bei jeder Aktion von *Maria 2.0* vorhalten können: »Aber wir sind doch im Prozess, wir reden doch. Wie könnt ihr da demonstrieren und fordern? Wartet doch ab!« So wie es bei Tarifverhandlungen eine Friedenspflicht gibt.

Uns die Flügel stutzen lassen wollten wir nicht, sondern frei bleiben, unser Netz weiterknüpfen.

Erst durch Mut, Deutlichkeit und Haltung – die zur Not auch eine Verweigerung nach sich zieht – bewegt sich etwas. Hätten wir uns auf die Anfrage, den *Synodalen Weg* mitzugehen, eingelassen – ich hätte meine Bereitschaft zur Teilnahme spätestens dann zurückgezogen, als Kardinal Marx verkündete, hinter die Aussage von Johannes Paul II. könne »man« nicht zurück. Das wäre dann auch ein deutliches Zeichen gewesen.

Es ist nicht im Sinne Jesu, es ist eigentlich auch nicht katholische Lehre, die eigene Einsicht und das Gewissen hinter das Diktat eines Lehramtes zu stellen. Denn das hieße, das Lehramt wäre die Mitte der Verkündigung, nicht das Wort Jesu.

Ich werte die Aussagen von Bischof Bätzing, dem Vorsitzenden der Deutschen Bischofskonferenz, so, dass er im Einklang mit seinem Gewissen, seinem Verstand und seinem Glauben zur Einsicht gekommen ist, dass die Weihe von Frauen kein Fehler wäre. Was hindert ihn also, seinem inneren *Ja* noch ein weiteres, äußeres *Ja* hinzuzufügen? Vielleicht ist es die Angst vor konservativen Bischofsbrüdern, die Furcht vor allem haben, was das bisherige Gedankengebäude zum Einsturz bringen könnte. Die Angst davor haben, dass Frauen plötzlich einen neuen Wind in eine Kirche bringen, in deren bisherigem System sich Männerpriester vermeintlich gut eingerichtet haben. Einer Kirche, in der Gehorsam erwünscht und Widerspruch verpönt war und ist. Dahinter steht die Frage: Droht Machtverlust, wenn ich das System infrage stelle?

Um Wahrheit oder Vernunft geht es hier schon lange nicht mehr.

Wenn ich den Rücken von Johannes Paul II. betrachte, so habe ich meine Zweifel, ob er als Deckung gegen Weihefragen wirklich ausreicht. Aber es gibt in den Diskussionen mit den Bischöfen, so sie dazu überhaupt bereit sind, immer noch ein drittes, schon ziemlich altes Argument. Vielleicht das älteste überhaupt: Jesus hat nur Männer zu Aposteln berufen.

Das ist reines Männer-Narrativ. Altes und neues. Maria Magdalena, immerhin von römisch-katholischer Seite in den Stand der »Apostelin der Apostel« erhoben, wird bei dieser Gelegenheit eigentlich nie erwähnt. Und Junia auch nicht. Und wer weiß, von wie vielen Frauen wir einfach nichts wissen – weil die Männer, die die überlieferten Texte aufgeschrieben oder für den Kanon der Bibel ausgewählt haben, dies als gesunde Söhne des Patriarchats unter den Tisch kehrten. Oder, wie im Falle Junia, aus Frauen kurzerhand Männer machten.

Wenn ich die Herren Bischöfe, meistens am Schluss einer Diskussion, frage, warum die Kirche sich für befugt hält, Männer zu Priestern zu weihen, kommt gar nichts mehr. Ich habe noch keine Antwort auf diese Frage bekommen.

Eine Kirche, die sich hinter Traditionen und selbstherrlichen Lehrmeinungen ihrer Oberhirten versteckt, statt wie Jesus auf die Bedürfnisse der Menschen zu schauen, ist so weit entfernt vom Leben derer, denen sie sich zuwenden müsste, und so wenig einer gelebten Wahrhaftigkeit verpflichtet, dass sie als ethisches Maß in unseren westlichen Gesellschaften kaum noch eine Rolle spielen kann. Damit verspielt sie genau das, was sie immer behauptet zu tun: den Menschen die Frohe Botschaft als inspirierenden, alles verändernden Grund zum Leben im Hier und Heute zu verkünden.

Es ist Unrecht und zeugt von Unvernunft, ausschließlich männliche Priester zu weihen, obwohl es auch

Frauen gibt, die sich zum Priesteramt berufen fühlen. Und auch wenn ich persönlich die Weihe an sich eher als das Problem denn als Lösung für eine lebendige jesuanische Gemeinde sehe, kämpfe ich für alle Frauen, die gerne Priesterin in der römisch-katholischen Kirche werden wollen. Weil es zutiefst jesuanisch ist, dass Frauen und Männer gleiche Rechte und gleiche Würde haben.

Unser Leben
ist ein Gottesgeschenk.
Wir sind nicht hier,
um uns zu quälen.
Wir sind Kinder
des Lichts,
auch auf Erden.

5 / OPFER BRINGEN?

Angenommen, das »letzte Abendmahl« wäre nicht das letzte gewesen. Jesus hätte mit seinen Freunden beim Passahmahl das Brot gebrochen, ihnen versprochen, immer bei ihnen zu sein, wenn sie das Mahl miteinander feiern und sich an ihn erinnern. Auch dann, wenn sie an anderen Orten sind als er, auf anderen Wegen unterwegs, mit anderen Menschen zusammen. Angenommen, es hätte keinen Verrat gegeben, keine Verhaftung, kein Urteil, keine Folter und keine Kreuzigung. Angenommen, Jesus hätte weiter die Liebe gelebt und gelehrt, wäre seinen Lebensweg weitergezogen und irgendwann gestorben, woran auch immer. Ob an Altersschwäche, einem Virus oder einem Unfall. Die Trauer wäre groß, seine Anhänger und Freunde untröstlich gewesen. Alleingelassen, ihres Rabbis beraubt, in einer hoffnungslosen Situation auf sich gestellt.

Und dann wäre auch in diesem Fall am dritten Tag nach dem Tod Jesu plötzlich dessen Grab leer gewesen. Die Geschichte, die wir kennen und glauben, wäre genauso weitergegangen.

Was wäre anders? Was bedeutet es für unseren Glauben, dass Jesus diesen barbarischen Tod am Kreuz sterben musste? Hat Gott* diesen Tod für ihn wirklich gewollt? Gott*, der Abraham verbot, seinen Sohn zu opfern? War dieser Martertod nicht vielmehr Ausdruck einer menschengewollten Abscheulichkeit? Einer machtgetriebenen, hasserfüllten Vernichtungsabsicht, um diese neue Kraft zu zerstören, der zu viele Menschen zu folgen bereit waren?

Wäre das Leben Jesu weniger wichtig, wäre das Wunder der Auferstehung geschmälert, weniger triumphal, wenn Jesus nicht am Kreuz gelitten hätte? Wäre sein Auftrag weniger kostbar?

Warum steht so oft das Kreuz im Mittelpunkt und nicht Jesu Leben und Auferstehung? Geht es um den Opfergedanken? Die antike Sichtweise, dass Gott* ein Opfer benötigt, um sich mit uns Menschen zu versöhnen?

Die Vorstellung eines Gottes, der von uns Opfer fordert, ist mir zutiefst fremd – und aus meiner Sicht auch nicht im Sinne Jesu.

Als Teenager hatte ich meinen ersten Konflikt mit diesem römisch-katholischen Gottesbild. Meine Mutter hatte eine große, offene Verletzung. Eine Wunde, die ihr viele Schmerzen bereitete und einfach nicht heilen wollte. In dieser Zeit gab es heftige Konflikte in unserer Familie. Nach meiner Erinnerung fand kaum eine Mahlzeit ohne Provokation und Geschrei statt, weil meine Geschwister und ich pubertäre Freiheitskämpfe ausfochten. Meine Mutter, die – wie so viele Frauen – vermitteln wollte, litt sehr unter dem Unfrieden.

Denn eines Tages sagte sie zu mir: »Ich habe Gott gesagt, meine Wunde braucht niemals zu heilen, wenn nur endlich Frieden wäre bei uns!« Das war eine der wenigen Situationen, in denen ich meine Mutter am liebsten geschüttelt hätte. Ich weiß noch genau, was ich zu ihr gesagt habe: »Gott braucht doch kein Opfer! Was ist das denn für ein heiliger Scheiß! Glaubst du wirklich an einen Gott, der deine Bitte erhört, nur weil du Schmerzen erduldest? Weil du ihm sozusagen deine Schmerzen opferst? Einen übermächtigen Gott, der oben im Himmel sitzt und darauf wartet, dass du zurückbezahlst, was er gibt?! Der sich weidet an deinem Leid?« Ich war damals unglaublich empört und bin auch heute zutiefst davon überzeugt: Gott* ist ein*e Schenkende*r, ein*e bedingungslos Liebende*r.

Das katholische Festhalten an einem Gott*, der Opfer fordert, hat viel Unheil über die Menschen gebracht. Wenn wir aufhören würden, das Kreuz als notwendiges Opfer zur Erlösung zu betrachten, wie viel freudvoller und erlöster könnten wir Christ*innen sein!

Leid ist nicht vermeidbar. Aber Jesus fordert uns auf, es als Krone zu tragen, nicht, es herbeizusehnen, herbeizubitten oder gar herbeizuführen. So etwas zu denken, ist für mich reinste Blasphemie. Unser Leben ist ein Gottesgeschenk. Wir sind nicht hier, um uns zu quälen. Wir sind Kinder des Lichts, auch auf Erden.

Der Zölibat wird auch oft mit einem Aspekt des Opfers verbunden. Genau wie das Keuschheitsgelübde von Nonnen und Mönchen. Auch hier besteht ein Zusammenhang mit der uralten Vorstellung eines Gottes, der Freude an Qual, Entsagung und Leid hat. Ich habe überhaupt nichts dagegen, wenn Menschen wegen einer empfundenen Berufung ihr Leben oder einen Lebensabschnitt bewusst zölibatär leben möchten. Ich habe Freunde, die ihren Zölibat lieben. Für sie ist oftmals die Keuschheit ein Schutz für das, was sie sich vorgenommen haben. Solange Gutes daraus erwächst, warum nicht? Dann ist der Zölibat ein Geschenk, eine Gnade.

Aber wie oft ist die vorgeschriebene und dann in einer Selbstverpflichtung manifestierte sexuelle Enthaltsamkeit auch eine Qual für die Betroffenen. Wenn eine mit Macht gedeckelte Sexualität sich andere Wege sucht, entsteht oftmals viel Leid. Denn der Druck sucht sich dann andere Wege, um zu entweichen. Davon war bereits mehrfach in diesem Buch die Rede.

Biblisch begründen lässt sich das enthaltsame Leben, das angeblich zwingend für den Dienst als Priesterin und Priester oder als Ordensmensch notwendig ist, nicht – oder nur mit Mühe. Es waren andere Gründe, die dazu führten, dass die Kirche erst vor etwa 1000 Jahren den Zölibat für Priester forderte. Damals ging es wohl darum, den drohenden Vermögensverlust durch Vererbung an die priesterlichen Nachkommen zu unterbinden. Seitdem bleibt alles sozusagen weiter in der »Familie«, und die Kirche ist auch dadurch unermesslich reich geworden.

Was steckt außer Erbangelegenheiten aber noch hinter der Tradition, jemandem seine Lust, seine Sexualität, eine partnerschaftliche Liebe zu untersagen? Dieser Tradition der von der Kirche verordneten Einsamkeit, an der viele in ihrem Dienst scheitern.

Geht es wirklich darum, dass man sich besser auf seine priesterlichen Aufgaben konzentrieren kann, weil man auf Sex verzichtet? Und haben Menschen, die sich ganz dem Glaubensleben verschreiben, keine sexuellen Wünsche mehr, weil sie mit ihrem Amt und der kirchlichen Aufgabe verheiratet sind? Die Praxis zeigt, dass dies nicht der Fall ist. Die menschlichen Bedürfnisse bleiben – und gelebte Sexualität ist etwas unheimlich Schönes, was zum Leben dazugehört. Wie sollen Priester Menschen in allen Lebenslagen seelsorgerlich begleiten, wenn sie diesen wichtigen Erfahrungsbereich aus dem eigenen Leben auszuklammern versuchen?

Dort, wo althergebrachte, starre Regeln einen normalen Umgang mit Sexualität unterbinden, suchen sich die Bedürfnisse andere Wege. Wie viele Beziehungen von Priestern zu Frauen werden verheimlicht, wie viele Priesterkinder verleugnet! Wie viele leben mit der angeblichen Haushälterin als Partnerin?

Und wie viele junge Menschen kommen ihrer Berufung nicht nach und werden kein Priester, weil sie sich ein erfülltes Leben wünschen, zu dem auch gelebte Sexualität gehört?

Besonders unheilvoll ist, wie viele Männer mit unreifer, angstbesetzter, angeblich »sündenverstrickter« Sexualität sich von einem Beruf angezogen fühlen, durch den sie dieses Thema vermeintlich umgehen und ihre Sexualität scheinbar ausklammern können. Was dann dabei herauskommt, ist allzu bekannt. Ursache für sexuelle Gewalt ist aus meiner Sicht unter anderem die lustfeindliche Haltung der katholischen Kirche, die Sexualität zum Problem stilisiert und weitestgehend als Sünde verteufelt. Als etwas, was – wenn überhaupt – nur als Zeugungsakt vertretbar ist. Das Kapitel Sexualität ist jedenfalls vielfach angstbesetzt. Angst half der Kirche schon immer, wie übrigens allen

Religionen, ganz nebenbei, die Menschen zu kontrollieren. Sowohl bei den Frauen als auch beim Zölibat geht es um Kontrolle und Erbe. Die katholische Kirche hat das Patriarchat nicht erfunden, dient aber als dessen Durchlauferhitzer.

Verwalten des Mangels

Ein katholischer Priester betreut hierzulande derzeit durchschnittlich etwa 3500 Menschen. In den letzten 20 Jahren ist die Zahl der aktiven Priester um rund ein Drittel zurückgegangen. Und auch die Zahl der Anwärter, die in den Priesterseminaren der 27 deutschen Bistümer ausgebildet werden, nimmt kontinuierlich ab. Im vergangenen Jahr wurden deutschlandweit nur noch 57 Priester geweiht! Im Jahr 2000 waren es noch mehr als doppelt so viele. Und als die Deutsche Bischofskonferenz die Zahl 1962 erstmals bundesweit erhob, gab es noch 557 Priesterweihen.

Die entstehenden Löcher lassen sich längst nicht mehr stopfen. Und der Priestermangel führt dazu, dass auf Sicht noch mehr Gemeinden zusammengelegt werden müssen. An eine persönliche Seelsorgeaufgabe, die Priester wahrnehmen können, ist angesichts solcher Zahlen schon kaum mehr zu denken.

Die Zahl der Priester sinkt dabei noch schneller als die der Gottesdienstbesucher.[11]

Tragisch finde ich immer wieder, dass gute Seelsorger ihr Priesteramt aufgeben müssen, weil sie sich zu ihren geliebten Menschen bekennen wollen. Weil sie nicht länger bereit sind, die Lüge weiter zu leben. Ein ehemaliger Priester erzählte mir, wie der Bischof ihn beschworen hatte, seine Beziehung doch im Heimlichen zu lassen – dann könnte alles so bleiben, wie es ist. Eine Frau berichtete von der Empfehlung eines Bistums, ihr ungeborenes Kind – gezeugt von einem Priester – doch besser abtreiben zu lassen, anstatt Forderungen an den geweihten Mann zu stellen. Sie sei ohnehin die Verführerin. In diesem Fall war es wohl anscheinend nicht so tragisch, der einen Sünde noch eine weitere hinzuzufügen. Erbarmungslosigkeit nenne ich das. Erbarmungslosigkeit, um einem überkommenen System nicht die Macht zu entziehen und um bloß die Kontrolle zu behalten.

Es gibt eine Frau aus Bayern, Ilse Sixt heißt sie, die ein lebender Kummerkasten für Hunderte von Priestern wie auch deren Liebsten und Kindern geworden ist. Menschen, die ihr in Briefen und Gesprächen ihr Herz ausschütten. Ein Meer von Leid, Einsamkeit, Selbsthass und -zweifel, Sehnsucht und Verzweiflung. Diese fromme ältere Frau sieht im Zölibat eine große Schuld der Kirche.

Solange die sogenannte Lehre eine größere Rolle spielt als Barmherzigkeit, solange der Pflicht-Zölibat verherrlicht wird wie das Zentrum des Katholischen, wie der christlichste aller Lebensentwürfe, solange wird die Kirche immer mehr erstarren.

Wenn Kirche glaubt,
Jesus ist der Weg,
wo bleibt ihr Wandel?

6 / MACHT DIENST MÄCHTIG?

In der Kirche wird viel über Macht geredet. Wer sich für bischöfliche Stellungnahmen zu diesem Thema interessiert, wird oft das Wort »Dienst« als Ersatz für das »böse« M-Wort hören. Geweihte Kirchenmänner verstehen oder bezeichnen, was immer sie in dieser und für diese Kirche tun, als Dienst. Dieses demütigfreundliche Gebaren ändert sich jedoch oft schlagartig, wenn Frauen gleiche Dienste tun möchten. Wenn Frauen von gleichen Rechten reden, die Prüfung von Berufungen zum Priesteramt für jedes Geschlecht fordern, wird der Wunsch nach diesem »Dienst« plötzlich zur Machtgier degradiert. Und dann wird meist schnell doch ein Machtwort gesprochen.

Die streng systematische Ordnung der Kirche und das machtvolle Agieren einiger weniger Kirchenoberer sind dabei ideale Voraussetzungen für die Fortsetzung des Stillstands. Innerhalb der fest gefügten, für viele Außenstehende undurchschaubaren Strukturen lässt sich manches kaschieren, was eigentlich längst ans Licht gehörte.

Immer wieder bekommen wir die Spitzen eines Eisberges klerikaler Verfehlungen zu sehen, seien es Finanzskandale, Orgien im Vatikan, Intrigen oder Machtspielchen. Papst Franziskus ist – so scheint es mir – leider mit seinem Versuch, das eine oder andere aufzuklären und ungute Verstrickungen aufzulösen, auf halbem Wege stecken geblieben. Der Apparat ist in weiten Teilen unbeweglich, hält zusammen und bremst die Reformer aus. Der Papst ist eben auch nur ein Mensch.

Wohin das führt

Ist es tatsächlich möglich, dass in solch einem System die warmherzige und befreiende Botschaft von Jesus an oberster Stelle steht? Dass Kirche auch heute noch Menschen erreicht, mit ihren Idealen von Demokratie, Teilhabe und Gleichberechtigung? Menschen, die neben freiheitlichen Bürgerrechten die Transparenz zu ihren wichtigsten Werten zählen.

Die Antwort auf diese Frage geben die Gläubigen selbst. So viele Menschen wie nie zuvor verlassen die Kirche. Die Austrittswelle erreichte im Jahr 2019 einen vorläufigen Höhepunkt: 272 771 Menschen kehrten der katholischen Kirche in Deutschland den Rücken.[12] Mehr als ein Prozent der Gesamtzahl ihrer Mitglieder, und das in nur einem Jahr. Sind das alles Gleichgültige? Alles Menschen, die Jesus kaltlässt? Ich glaube nicht.

Jesus ging es nie um Macht. Sondern immer um die Liebe. Die lässt sich aber nicht in einem System von Macht und Gehorsam, von Kontrolle und Ausgrenzung verkünden. Seine Botschaft der Freiheit und Geschwisterlichkeit ist so fern jeglicher patriarchalen Machtstruktur, dass alles monarchische Machtgehabe, die steinerne Pracht und alle purpurnen Gewänder und goldenen Mitren, alle roten Schuhe und kostbaren Gefäße für die priesterlichen Handlungen angesichts dieser Diskrepanz im Erdboden versinken müssten.

Unsere Kirche spottet mit ihrem Herrschaftsgebaren der Botschaft des Jesus von Nazaret. Wenn Kirche glaubt, Jesus ist der Weg, wo bleibt ihr Wandel?

Die Frage nach notwendiger Macht

Macht zu gebrauchen oder zu missbrauchen, liegt oft so nah beieinander, dass die Grenze, auch für die Machthaber selbst, manchmal kaum zu erkennen ist. Wobei im Sinne einer jesuanischen Nachfolge, die immer das Heil und damit die Freiheit des Menschen im Blick haben sollte, zu fragen ist, ob es nicht bereits ein erster Schritt in die falsche Richtung ist, Macht über andere in die Hände von Menschen zu legen. Ob ein »Gebrauch« von Macht nicht immer schon einen »Missbrauch« von Macht beinhaltet.

In der Bibel heißt es, Gott »entäußert sich selbst« in Jesus und »nahm Knechtgestalt« an (Philipper 2,6). Jesus widersteht also jedem Ansinnen, Macht auszuüben. Er vollbringt kein Wunder auf Verlangen, um etwas zu beweisen und damit die Menschen zu bewegen, ihm zu folgen. Als ihn der Teufel auffordert, aus Steinen Brot zu machen oder von einem hohen Felsen zu springen, um seine Macht zu zeigen, verweigert er dies. Sogar am Kreuz verzichtet er auf jegliche Demonstration seiner Macht, sondern bittet um Verzeihung für die Folterer: »Vater, vergib ihnen, denn sie wissen nicht, was sie tun!« (Lukas 23,34) Und selbst im Angesicht des Todes legt er sein Leben in die Hände seiner Henker – und erschreckt damit auch alle seine Freunde zutiefst.

Es ist diese Hingabe Jesu, die den Tod überwunden und mehr Menschen verändert hat als alle Machthaber dieser Welt zusammen. Es ist die Wirkmächtigkeit der Liebe, die Jesu Lehre zugrunde liegt. Seine tiefe Solidarität, die ihn mit allen verbindet, die, ohnmächtig und schwach, den Mächtigen gegenüberstehen. Weil Jesus nie etwas aus Angst tat oder sagte, sondern immer aus einem tiefen Vertrauen heraus handelte, konnte er derart liebevoll agieren. Er lebte das radikalste Vertrauen, das denkbar ist. Und er war sich dabei sicher: Nichts kann uns trennen von der Liebe Gottes.

Ich denke an ein neugeborenes Kind. Niemals ist ein Mensch abhängiger und hilfloser, »einfach da«, als in diesem allerersten Stadium nach der Geburt. Selbst den Kopf kann so ein winziges Menschlein nicht alleine halten. Deshalb ist es angewiesen auf eine stützende Hand, Wärme, Nahrung und Pflege. Und dennoch: Was auf der Welt ist wirkmächtiger als dieses hilflose, ohnmächtige kleine Leben? Es löst eine Liebe aus, die ihresgleichen sucht. Ein kleines Kind ist in der Lage, das Leben seiner Eltern vollkommen auf den Kopf zu stellen.

Die Wirkmächtigkeit der Liebe ist das nachhaltigste, stärkste und durchsetzungsfähigste Element von Lebendigkeit. Diese Wirkmächtigkeit überwindet sogar den Tod. Das vermag keine andere Macht der Welt.

Macht steht letztlich immer für die Durchsetzung einer bestimmten Meinung und eines Interesses gegen andere mittels »Gewalt«. Durch Vorschriften, Zwang und Gehorsam, Abhängigkeiten und die damit verbundene Angst, durch Manipulation und Kontrolle wird Unfreiheit erzeugt.

Die Wirkmächtigkeit der Liebe hingegen löst die Fesseln der Ohnmacht, schenkt Mut, Tatkraft und Energie. Sie entwaffnet Despoten, entbindet von Angst, führt hinein in ein unermessliches Vertrauen. Lieben heißt, den anderen zu sehen und gesehen zu werden.

Sie führt in ein tiefes Erkennen – so wie es im ersten Brief an die Gemeinde in Korinth heißt: »Jetzt schauen wir in einen Spiegel und sehen nur rätselhafte Umrisse, dann aber schauen wir von Angesicht zu Angesicht. Jetzt ist mein Erkennen Stückwerk, dann aber werde ich durch und durch erkennen, so wie ich auch durch und durch erkannt worden bin. Für jetzt bleiben Glaube, Hoffnung, Liebe, diese drei; doch am größten unter ihnen ist die Liebe.« (1. Korinther 13, 12–13)

Darum sind auch alle Bildung, alle Kunst und aller Glauben nichts ohne die Liebe. Denn erst die Liebe löst das aus, was uns heil macht, was unser Leben erfüllt.

Liebe löst das Beste in uns Menschen aus und bringt es in die Welt. Und im Gegensatz zur Macht ist die Liebe weder teilbar noch endlich.

Macht und jesuanische Nachfolge widersprechen sich zutiefst. Denn jede Machtausübung greift in die Freiheit des Gegenübers ein.

Eine gerechte Kirche

Wenn ich bei Diskussionen mit anderen Christ*innen über die gerechte Kirche spreche, höre ich häufig Sätze wie diese: »Ach, das ist wieder nur so eine jesuanische Nostalgie! Pure Utopie. So sind die Menschen doch nicht! Menschen lieben Macht, Besitz, Bequemlichkeit und Sicherheit. Vertrauen ist gut, Kontrolle besser.«

Oder: »Nette Idee, das mit Liebe und Vertrauen, aber doch ziemlich gaga. Kannte Jesus denn die Menschen nicht? Ihre Gier, ihre Ruhmsucht, ihre Bedürftigkeit nach Bedeutung, all ihre inneren Schweinehunde?! Wer Visionen hat, soll zum Arzt gehen.«

Wieder andere behaupten, der Kirche bleibe ja gar nichts anderes übrig, als die Visionen des Jesus von Nazaret zu kanalisieren, zu kontrollieren und auf normales menschliches Maß herunterzubrechen. All die Sehnsüchte der Menschen nach weltumspannender Liebe, Gerechtigkeit und Gleichberechtigung im Zaum zu halten. Und sie stellen fest: »Kirche muss so handeln, wie sie es tut, damit die Vernunft und das rechte Maß walten und immer klar ist, wer das Sagen hat.«

Solche Gespräche sind ermüdend. Denn sie zeigen, dass das Wort *Kontrolle* in der Kirche eine viel größere Rolle spielt als das Vertrauen in die Menschen. Und als das Vertrauen in Gott*.

Die römische Kirche ist vertikal angelegt: In Form einer Pyramide schichtet sich Macht über Macht, Kontrolle über Kontrolle, Weisung über Weisung. Und viel zu oft: Einsamkeit über Einsamkeit. Das ist alles andere als lebensfördernd, aber aus Sicht der Verantwortlichen vermutlich vernünftig. Nicht gerade befreiend, aber versorgend – die Verantwortlichen dürfen sich von ihrer Kirche, und bei uns in Deutschland sogar von Vater Staat, ja gut und rundum versorgt wissen.

Der Philosoph und tiefgläubige Christ Søren Kierkegaard sagt: »In Jesus scheint Gott auf, ein Gott, der uns Menschen radikal vertraut.«

Die Kirche aber scheint den Menschen zu misstrauen. Warum sonst besteht ihr Skelett aus Kontrolle, bestehen ihre Bänder aus Angst und ihre Muskeln aus Gehorsam? Ihr fehlendes Vertrauen in Gott* und Menschen lässt der Kirche nur eine Möglichkeit: die Gier der Herde zu zügeln, Lust zu kanalisieren, Faulheit auszutreiben und Freiheit zu begrenzen.

Wer an eine Gottheit glaubt, die Sinnlichkeit, Lust, Freude und Wonne bloß geschaffen hat, um sie den Menschen gleich wieder zu verbieten, um sie zu prüfen und zu quälen, um ihre Übertretungen registrieren und ihre Verfehlungen zusammenrechnen zu können – der braucht auch strenge Regeln und ein genaues Maß für alles. Und wer an einen strengen, strafenden Gott* glaubt, ist schnell geneigt, mit Verdammnis, Hölle und Gericht zu drohen.

Dogmen und Regeln setzt vor allem derjenige, der überzeugt ist, dass die Menschen in ihrem Unvermögen jemanden brauchen – einen Mann natürlich –, der zwischen ihnen und dem Göttlichen vermittelt, ihnen vorsteht und sagt, was geht und was nicht. Einen, der weiß, was der Göttliche Wille ist – und was nicht. Dann dreht sich vieles um Anordnungen, ohne allzu viel mystischen Überschwang und mit klaren Grenzen, die jeglichen Auswuchs der Liebe verhindern helfen.

Wo kämen wir denn hin, wenn jede*r sich berufen fühlte, in einer christlichen Gemeinschaft aus Liebe die bestehenden Regeln zu verletzen? Wo kämen wir hin, wenn Menschen miteinander das Brot brächen, im Gedenken an Jesus, so wie er es uns auftrug – ohne die Gegenwart eines Priesters?

Wo kämen wir hin, wenn ein Priester es wagte, das Gottesgeschenk der sinnlichen Liebe auszupacken?

Wo kämen wir hin, wenn Frauen laut und deutlich sagen würden, was sie denken, und ihre Talente nicht mehr länger verbergen wollten?

Wo kämen wir hin, wenn Männer Männer und Frauen Frauen liebten?

Nicht auszudenken, wohin eine ernst genommene Freiheit der Gotteskinder uns führen könnte … Denn dann drohen Unordnung, Chaos und letztlich Untergang!

Wir sollen glauben, die menschengemachten Regeln und Dogmen seien die Richtschnur im Himmel und auf Erden. An solche Dogmen hat sich die Kirche gefesselt und gebunden. Nicht an Jesus Christus, sondern ans Lehramt. An Menschenmacht, an Klerikalismus, an die Deutungshoheit einer männerdominierten Herrschaftsstruktur aus dem 19. Jahrhundert, die ihre Wurzeln im Römischen Reich hat.

Die Kirche lehrt uns nicht, uns geliebt zu fühlen ohne jeden Leistungsnachweis. Es scheint, als hätte sich die ganze Organisation selbst im römischen Leistungswirrwarr verstrickt.

Nein, ich glaube den römischen Kirchenmännern, deren Gottesbild einem Erbsenzähler gleicht, nicht mehr. Wo finde ich Jesus in meiner Kirche? Den Gottessohn, der uns unbedingte Liebe zusagt?

Sie kriecht nicht vor dem,
was die Mächtigen ihrer Zeit
zu sagen haben …

7 / MARIA

Die Kirche preist die Demut Marias – und versteht dieses Bild oft so zu zeichnen, dass Demut mit Devotheit verwechselt wird. Einer Devotheit gegenüber Männern, Kirche und Klerus.

Sie zeichnet auch heute noch das traditionelle, römisch-katholische Frauenideal: Die Frau soll dem Mann ergeben und gehorsam sein. Eine, die empfängt, was ihr zugewiesen wird. Und sie wird nur zur Frau, wenn und weil der Mann sie für würdig befindet, Gefäß zu sein für seine männliche Lebenskraft. Ein Gefäß, das gefüllt wird; ein Acker, in den gesät wird. Wenn überhaupt, so hat weibliche Sexualität unbedingt passiv zu sein, so als wäre sie ein notwendiges Übel, ertragen auf dem Weg zur Mutterschaft. Keine Rede von Lust und Liebe, von Erfüllung und Selbstbestimmung.

Bei Maria wird das »Übel« der Sexualität sogar komplett umgangen: Sie ist Jungfrau *und* Mutter. Sozusagen der Gipfel des katholisch-weiblichen Ideals! Für alle sterblichen Wesen unerreichbar. Selbst die allergehorsamste Katholikin kann diesem Ideal nur hinterherlaufen, niemals wird sie es erreichen. Da kann sie Rosenkränze beten oder Marienerscheinungen herbeiwünschen, so viel sie will. Niemals wird sie vom Geist geschwängert werden wie die biblische Maria und auf diese Weise die beiden weiblichen Ideale »Jungfrau und Mutter« in sich vereinigen können.

Generationen von Frauen sind diesem Idealbild hinterhergehechelt: »Rein bleiben und Mutter werden.« So wie der Hund vergeblich der Wurst am Stöckchen hinterherjagt, folgten sie einem Trugbild.

Das katholische Frauenbild hält drei Rollen für uns bereit: Jungfrau, Mutter oder Hure. Und die Botschaft zwischen den Zeilen der kirchlichen Moralvorstellung lautet: Egal, welchen Weg du wählst, du wirst niemals wirklich genügen! Ganz offen vorgetragen wird diese Botschaft von so manchem Kirchenlehrer: »Das Weib verhält sich zum Manne wie das Unvollkommene und Defekte zum Vollkommenen«, sagt, wie schon angeführt, der »heilige« Thomas von Aquin. »Wenn du eine Frau siehst, denke, es sei der Teufel! Sie ist eine Art Hölle«, warnt Papst Pius II. Der »schöne« Satz von Augustinus – »Das Weib ist ein minderwertiges Wesen, das von Gott nicht nach seinem Ebenbild erschaffen wurde« – schlägt in die gleiche Kerbe. Das Schlimme ist: All dies ist bis heute unwidersprochen! Kein Papst hat sich dafür entschuldigt, dass die Kirche bis heute Komplizin in der Herabsetzung von Frauen war.

Wir sollen uns gewürdigt sehen, wenn Papst Franziskus in seiner Neujahrsansprache Gewalt gegen Frauen anklagt und uns Frauen in der gleichen Rede als »edelstes Fleisch der Welt«[13] bezeichnet.

Dieses fragwürdige Frauenbild war es, in dem meine Großmütter, meine Tanten, meine Mutter und auch ich erzogen wurden. »Mein Körper, die silberne Schale«, in die irgendwann vielleicht einmal ein Mann seine »goldenen Früchte« legen würde. Bis dahin sollte, so die frommen Reden, »mein Körper wie eine Kathedrale sein«, ein Gotteshaus.

Das Marienbild, das die Kirche zeichnet, ist das Frauenbild klerikaler Männer, die als Idealbild wahrscheinlich ihre Mütter verehren, deren Sexualität sie natürlich verdrängen. Weil so manche Angst vor weiblicher Sexualität haben, die ihnen zeitlebens als Laster und Sünde verkauft wurde. Eines möchte ich an dieser Stelle festhalten, weil die Vordenker unserer Kirche so oft in seltsamen Worten darüber sprechen: Sexualität ist kein teuflisches Zeug, sondern ein Gottesgeschenk!

Es bedarf einer ungeheuren Anstrengung – das Aufbäumen von einigen Generationen reicht da noch lange nicht aus –, um diesem Frauenbild zu entkommen. Kein Wunder, dass der kämpferische Feminismus in den 1970er-Jahren oft so überbordend und männerhassend daherkam. Die Welle gegen die patriarchalen Ungeheuerlichkeiten musste zunächst viel Frust und Angst hinwegspülen. All die Jahrhunderte des Ackerns auf und in unseren Körpern und Seelen haben sich tief eingegraben. Die Furchen spüren wir bis heute.

In unserer Gesellschaft hat sich inzwischen einiges verändert, auch wenn wir von echter Gleichberechtigung noch weit entfernt sind, wie etwa die Unterschiede in der Bezahlung oder die ungleiche Besetzung von Führungspositionen zeigen. Einiges ist schon, auf Druck von Frauen, passiert. Aber vor allem die Kirche hängt in vielen Bereichen hinter den allgemeinen Entwicklungen zurück. Manche Kirchenherren wollen es uns als Erfolg verkaufen, wenn sie Verwaltungsjobs mit Frauen besetzen. Entscheidungskompetenz bleibt jedoch in aller Regel an die priesterliche Weihe gebunden. Und hier bleiben die Männer unter sich.

Papst Franziskus, von dessen Amtsantritt sich viele Gläubige auch in Sachen Gleichberechtigung viel erwartet hatten, zerschlug in seinem Schreiben zur Amazonas-Synode die Hoffnung auf ein neues, vom

19.-Jahrhundert-Geschwafel befreites Frauenbild. Er wiederholt stattdessen die alte Leier: Frauen können trotz gleicher Würde nicht gleiche Rechte haben. Franziskus vertritt in seiner Schrift zur Amazonas-Synode das antiquierte, von ihm »marianisch« genannte Frauenbild der dienenden, nährenden, häuslichen Empfängerin unter der männlichen Entscheidungsgewalt. Seltsam ist dabei, dass er in Abschnitt 99 Folgendes schreibt: »In Amazonien gibt es Gemeinschaften, die sich lange Zeit hindurch gehalten und den Glauben weitergegeben haben, ohne dass dort – manchmal jahrzehntelang – ein Priester vorbeigekommen wäre. Dies ist der Präsenz von starken und engagierten Frauen zu verdanken, die, gewiss berufen und angetrieben vom Heiligen Geist, tauften, Katechesen hielten, den Menschen das Beten beibrachten und missionarisch wirkten. Jahrhundertelang hielten die Frauen die Kirche an diesen Orten mit bewundernswerter Hingabe und leidenschaftlichem Glauben aufrecht. Mit ihrem Zeugnis haben sie uns alle bei der Synode angerührt.«[14]

Franziskus weiß also ganz genau, dass Frauen schon längst tun, was Rom ihnen offiziell verbietet. Und er lässt durchblicken, wie sehr ihn das freut …

Doch er beugt sich anscheinend immer wieder den erzkonservativen, vor Angst starren Kräften in Rom. Im Juli 2020 erreichte die katholische Welt eine von Papst

Franziskus unterzeichnete Instruktion aus Rom mit dem Titel *Die pastorale Umkehr der Pfarrgemeinde im Dienst an der missionarischen Sendung der Kirche.* Eine Anordnung, die jeden Gedanken zu einer gerechteren, paritätischen Gemeindestruktur in Fesseln legen will.

Unter den deutschen Bischöfen gab es viel Murren darüber, immerhin. Nur der Kardinal in Köln fand dankbare Worte für die päpstliche Instruktion. Andere deutsche Bischöfe sahen sich nun selbst gegängelt und bevormundet. So zeigte etwa die Hälfte der deutschen Bischöfe doch einmal Haltung gegenüber Rom, wenn auch oftmals verklausuliert in wohlgesetzten Worten. Schön wäre natürlich, sie nähmen auch mal eine Position im Interesse der weiblichen Katholikinnen ein …

Zu dieser Instruktion aus Rom ist nicht viel mehr zu sagen, als dass sie am Anfang zu Wandel und Neubesinnung aufruft, um dann in entfesseltem klerikalen Denken die Leitung einer Gemeinde einzig geweihten Männern zuzugestehen.

Thomas Schüller, Professor für Kirchenrecht an der Uni Münster, sagte dazu am 25. Juli 2020 in einem Interview im Deutschlandfunk: »Es dürfte einer der schlechtesten Texte der letzten Jahrzehnte sein. […] Dann wird der Priester, der Pastor zur mythischen Gestalt erhoben, auf die alles hin geordnet ist. Man hat also den Eindruck, die Pfarrei ist nicht um ihrer selbst willen wichtig, sondern damit es dem Pastor gut geht. Und allen Beteiligungsformen, aller Mitverantwortung der Gläubigen – das ist ja in deutschen Diözesen jetzt der Weg – wird eine Absage erteilt bis hin zu Skurrilitäten, dass also Priester und Pfarrer, die kein eigenes Haus mehr haben, zu Mutter und Vater zurückkehren sollen, so nach dem Motto, ein Priester ist nicht in der Lage, seine eigene Wohnsituation zu klären …«

Zusammenfassend ist festzuhalten: Die römische Kirche will keine Gleichberechtigung.

Herrn Kardinal Woelki freut das natürlich, hat er sich doch schon nach der ersten Versammlung der Teilnehmer*innen am *Synodalen Weg* in Frankfurt öffentlich über die Zumutung beschwert, dass er – wenn die diskutierten Reformen umgesetzt werden würden – als Kardinal an der Seite von »Laien« in die Kirche einziehen müsste. Und das sei »unkatholisch«.[15] Zum Thema »Priester« hält Kardinal Woelki fest: Ihre Befähigung zur Leitung einer Pfarrei besitzen Priester nicht aus sich selbst heraus, sondern weil sie durch die Priesterweihe »dem Priester Christus gleichförmig« geworden und dazu bevollmächtigt sind, »in Person des Hauptes Christi« zu handeln.

Was soll frau dazu sagen? Ich suche Jesus in diesen Worten und finde nur – Gehabe.

Die wahre Maria

Wenn ich an Maria denke, sehe ich eine inspirierte, aber auch geerdete Frau, die Jesus erzogen hat. Die ihm Vorbild und aktives Gegenüber war, wie Mütter es in der Regel für ihre Kinder sind. Aber diese Facette spielt bislang im männlich-traditionellen Blick auf sie kaum eine Rolle.

In einer Ansprache bei einem der ersten Gottesdienste, die wir draußen vor unserer Kirchentür in Münster feierten, habe ich versucht, ein neues Bild von Maria zu zeichnen.

Meine Seele preist die Größe des Herrn,
und mein Geist jubelt über Gott, meinen Retter.
Denn auf die Niedrigkeit seiner Magd hat er geschaut.
Siehe, von nun an preisen mich selig alle Geschlechter.
Denn der Mächtige hat Großes an mir getan,
und sein Name ist heilig.
Er erbarmt sich von Geschlecht zu Geschlecht
über alle, die ihn fürchten.
Er vollbringt mit seinem Arm machtvolle Taten:
Er zerstreut, die im Herzen voll Hochmut sind.
Er stürzt die Mächtigen vom Thron
und erhöht die Niedrigen.
Die Hungernden beschenkt er mit seinen Gaben
und lässt die Reichen leer ausgehen.

Er nimmt sich seines Knechtes Israel an
und denkt an sein Erbarmen,
das er unsern Vätern verheißen hat,
Abraham und seinen Nachkommen auf ewig.

So betet und jubelt Maria. Gerade hat sie einen Schritt getan, der sie in schwindelnde Höhen heben und in die tiefsten Abgründe stürzen wird. Als Mutter des Kindes Jesus, als Mutter des Gekreuzigten, als Mutter des Auferstandenen. Das ist mehr, als ein Mensch tragen kann.

Eine 15-jährige (so vermuten die Historiker) junge Frau, die um das Jahr 0 in Palästina lebte, hatte keine guten Aussichten, wenn sie unverheiratet schwanger wurde. Ausstoß aus Familie und Sippe und gesellschaftliche Ächtung waren das Mindeste. Jegliches Ansehen, jeglicher Schutz gingen verloren. Und wenn es ganz schlimm kam, steinigte man solche »Sünderinnen«.

All dies weiß Maria, trotzdem sagt sie *Ja* zu dieser »Verkündigung« – obwohl sie wegen ihres jungen Alters kaum in der Lage gewesen sein wird, sofort verstandesgemäß zu erfassen, was dies in letzter Konsequenz bedeutet. Maria handelt intuitiv, das kann sie. Darum wird ihr von Gott* dieser »Umstand« zugemutet. Sie erkennt, dass etwas Großes geschieht, und schaltet Gott* gegenüber intuitiv in einen hundertprozentigen Vertrauensmodus. Sie ist mutig, weil sie vertrauen kann. Sie weiß sich getragen und umgeben von der Liebe Gottes. *Er* wird sorgen, sie muss es nicht. Das ist Demut.

Diesen Mut bewundere ich, das eigene Leben in Gottes Hand zu legen, ganz ohnmächtig sein zu dürfen vor seiner Macht, ganz getragen von seiner Liebe, die uns nicht verderben lässt, ganz geliebtes Kind sein zu dürfen mit grenzenlosem Vertrauen. Das Notwendige geschehen zu lassen und daran mitzuwirken.

Maria kennt ihren Platz vor Gott*. Sie ist geerdet. Sie steht wie ein Kind vor Gott* und aufrecht erwachsen vor den Menschen. Sie jubelt. Sie kennt ihren Wert: Sie ist geliebt von Gott*. Und das singt sie laut in die Welt. Darum kann sie *Ja* sagen, auch wenn alle Konventionen *Nein* sagen. Maria kriecht nicht vor dem, was die Mächtigen ihrer Zeit zu sagen haben.

Demut erkennt meinen Platz vor Gott*. Als Mensch bin ich Widerschein seiner Liebe, ganz der Erde abgerungen, die mich ernährt. Das lateinische Wort Humus (Erde) steckt im Wort Humilitas – Demut. Und ebenso im Wort Humanitas – Menschlichkeit. Erde ist der Stoff unseres Menschseins. Ein anderes lateinisches Wort, in dem das Wort Humus mitklingt, ist Humor. Gerade der Humor kann uns De-Mut lehren: Er hilft dabei, uns Zu-Mutungen zu stellen und im Angesicht von Gottes Liebe übermütig zu werden. Denn er lässt uns Erbarmen haben mit uns selbst und dem Nächsten. Das ist es, was wir von Maria lernen können: Gott* zu vertrauen. Darauf, dass ich so, wie ich bin, von ihm erkannt und geliebt bin. Wie froh und erlöst könnten und müssten wir Christ*innen eigentlich daherkommen?!

Ob Maria nur ein Kind bekam oder ob Jesus Geschwister hatte, ist nicht entscheidend und lässt sich auch nicht sicher feststellen. Ebenso wenig wie die Antwort auf die Frage, ob Maria Jungfrau war oder nicht. Marias Sexualität geht uns auch nichts an. Sie ist uns als demütige und aufrechte Frau als Vorbild lieb und teuer, und sie ist die Mutter unseres Bruders Jesus. Das reicht.

Das Gebet, das Jesus uns gelehrt hat, bete ich oft. Aber ich habe auch einen eigenen Text geschrieben, der ausdrückt, wie ich meine Gottesbeziehung verstehe:

Mein »Vaterunser«:

Du bist mir unbegreiflich nah und fern –
geheiligt bist Du –
was die Liebe heilend wirkt, das möge kommen –
zu jedem Geschöpf in allen Zeiten –
Du schenkst alles –
wir nehmen es an in Fülle –
um es weiterzugeben –
und das Leben zu heiligen –
und nicht zu zerstören.
Amen.

Wir laufen nicht Gefahr,
die Göttliche Liebe
zu verlieren.
Nur die Kirche
läuft Gefahr,
ihre Macht zu verlieren.

8 / SCHWEIGEN WAR GESTERN

Maria mit zugeklebtem Mund – dieses Bild malte ich an jenem Abend im Januar, als wir die Bewegung *Maria 2.0* gründeten. Ich kam ziemlich aufgeregt von unserem Treffen nach Hause, und als ich nicht einschlafen konnte, griff ich zu Pinsel und Farben und begann, ein Frauengesicht zu malen. Es wurde eine Marienikone. Von dem Tag an malte ich täglich das Gesicht einer Frau, um ihr dann in einem zweiten Schritt den Mund mit einem aufgemalten Pflaster zu verschließen. Über 90 Tage lang. Alle Bilder auf dem Einband dieses Buches sind so entstanden.

Das Pflaster auf dem ersten Bild, der Marienikone, hatte ich ursprünglich gar nicht beabsichtigt. Aber es malte sich dann fast von selbst. Aus dem Bild dieser unkonventionellen Frau, die niemandem außer Gott* gehorsam war, wurde im Laufe der Geschichte das katholische Marienbild. Das Bild einer Frau, der verboten wurde zu sprechen. Ein schmerzvoller, gewalttätiger Akt.

Ich habe den Frauen auf meinen Bildern die Münder verschlossen, um zu zeigen, was von Frauen in der Kirche erwartet wurde und wird. Um zu spiegeln, dass die

Münder fast all unserer Schwestern durch die Jahrtausende verschlossen waren und bis heute viel zu oft sind. Frauen ohne Stimme – die Idealvorstellung männerdominierter Religionen und Gesellschaften.

So wie Maria das Magnifikat damals nicht mit geschlossenem Mund sang, so wenig schweigen jetzt die Frauen der Welt. Im Januar 2020 hat sich die Bewegung *Maria 2.0* mit Frauen aus allen Kontinenten in Rom getroffen und das *Catholic Women's Council* gegründet, um für gleiche Rechte und gleiche Würde von Frauen und Männern in Kirche und Gesellschaft einzutreten. Wir sind gemeinsam mit unseren Schwestern in aller Welt auf einem Pilgerweg, um unsere Stimmen nach Rom zu bringen. Wir brauchen keine Synode, in der alte Männer über Frauen reden. Wir planen ein Frauenkonzil. Von Frauen für Frauen.

Grenzen sprengen

Als junge Frau habe ich lange an der sogenannten Zonengrenze gelebt, die Westdeutschland von der DDR trennte. Später hatte ich ein Atelier in einem der ehemaligen westdeutschen Grenzhäuschen. Dort spielten zu Zeiten des geteilten Deutschlands gelangweilte Grenzbeamte Karten. Denn meistens war wenig los, erzählte mir einer von ihnen. Aber zwei, drei gelungene »Grenzübertritte«, die dort in den fast drei Jahrzehnten der ostdeutschen Abschottung stattfanden, sind in schönstem Beamtendeutsch dokumentiert. Was dort in mageren Worten erzählt wurde, sind Geschichten von menschlichem Mut und von einer ungeheuren Freiheitssehnsucht, die größer war als die Angst. Auch viele, die »drüben«geblieben sind, die sich im System irgendwie eingerichtet hatten, träumten davon, in den Westen zu fliehen. Aber sie lebten weiterhin in einem Land, in dem die freie Rede verboten, abweichende Meinungen gefährlich, Misstrauen lebenswichtig und Verrat an der Tagesordnung waren. Wer nicht aus dem bestehenden System ausscherte, war in der DDR versorgt, sozusagen von der Wiege bis zur Bahre. Und nein, es war nicht alles schlecht!

Aber was macht das mit einem Menschen, auf persönliche Freiheit zu verzichten, nicht reisen zu können, wohin man will – und den Mund zu halten, auch wenn man etwas auf dem Herzen hat und mit dem bestehenden System nicht einverstanden ist?

Der Vergleich hinkt. Aber selbst liberale Priester, die laut auf die Vergehen und die Rückwärtsgewandtheit ihrer Kirche schimpfen (was vor Jahren nicht ohne Strafe geblieben wäre – heute möchte kein Bischof auf einen Priester verzichten, nur weil der »frech« wird), stoßen beim Denken an eine Grenze. Und die Grenzposten sind wachsam. Der eine Posten heißt *Angst,* der zweite *Einkommen und Karriere,* der dritte *Identität.* In der Grenzbaracke sitzen die Kollegen und spielen Karten. Sie heißen *Ansehen, Lebensentwurf, Bequemlichkeit.*

Manche, so scheint es, spielen ihr ganzes Leben das Kartenspiel *Patience* (»Geduld«), weil jenseits der Grenze die Verdammnis droht: der Verlust von Ansehen, Sicherheit, Versorgung, Heimat.

Die Kirche hat lange den Menschen mit Verdammnis gedroht, die uns angeblich blüht, wenn wir ihren »Weg der Wahrheit« verlassen. Und manche Gegner von *Maria 2.0* propagieren ein klares Bild, was uns in der Hölle erwartet, da wir uns jenseits der angeblich Göttlichen Ordnung bewegen. Gern wird uns empfohlen, uns doch zu den »Evangelischen« zu scheren. Da gibt es Menschen, die empfehlen uns das Beten bestimmter Gebete, mit genauen Tageszeitangaben und verbunden mit der Anweisung, wie oft welcher Text in lateinischer oder deutscher Sprache zu beten ist – alles, was wichtig ist, um »gerettet« zu werden. Da werden uns in Briefen oder E-Mails Ratschläge für unser Seelenheil erteilt. Andere beschimpfen uns ob unserer unkatholischen Gottlosigkeit. Und die Menschen, die sich uns anschließen, werden gleich mitbeschimpft. Beispiel gefällig?

»Diese dummen Klatschweiber mischen sich da in etwas ein, was sie nicht einmal ansatzweise verstehen.«

Interessant auch dieser Herr, der schlüssig begründet, warum eine Frau niemals Papst werden könnte: *»Im Papstamt hat man neben vielen anderen Dingen unter anderem auch die Aufgabe, das ungeborene heranwachsende Leben im Mutterleib zu schützen. Wie soll eine Päpstin das denn machen können? Als Frau hat sie doch die Neigung, das ungeborene menschliche Leben in ihrem Bauch zu töten.«*

Einer schreibt: *»Hallo, Rebellin gegen unseren Herrn und Erlöser Jesus Christus.«*

Hier eine gelungene Mischung aus Beschimpfung und Empfehlung: *»Wer das Priestertum für euch Weiber will, der soll einfach abhauen und sich zu einer verkommenen Sekte begeben.«* Oder eine fein formulierte Frage: *»Warum habt ihr nur alte Kühe bei euren perversen, angeblichen Unterstützerinnen?«*

Zum Schluss dieses Reigens noch die beliebte Drohung: *»Ihr kommt gemeinsam in die tiefste Hölle, nämlich in die 28 000ste. Dort werdet ihr schmoren für euren Verrat an Jesus Christus und seiner hl. Kirche.«*

Dies sind nur ein paar Beispiele von Hunderten. Die Absender sind meistens anonym, oder wenn mal nicht, meistens Männer. Wir werden aber nicht mit gleichen Waffen zurückschlagen. Denn das größte Missverständnis dieser Herren ist es ja, dass wir ihnen das Gleiche antun wollen, was sie uns seit Jahrtausenden angetan haben. Die zornigen Söhne des Patriarchats sehen ihre Felle wegschwimmen, und ihre Gegenwehr ist das Narrativ von der männerhassenden, machtgeilen, ihre Kinder tötenden, »links-grün versifften« Frau. Von Geschwisterlichkeit haben solche Männer vermutlich noch nichts gehört.

Aber solcherlei Anwürfe kann man getrost abperlen lassen. Wir laufen nicht Gefahr, die Göttliche Liebe zu verlieren. Nur die vor allem männlich geführte Kirche läuft Gefahr, ihre Macht zu verlieren. Denn das Rückgrat dieser Männer-Macht sind Gehorsam, Angst und Gewalt. Das spiegeln die Briefe dieser »braven Katholiken«. Das, was Jesus aufrecht bleiben ließ, war jedoch genau das Gegenteil: Vertrauen, Hoffnung und Liebe.

Immer wieder hat es von Jesus inspirierte Grenzüberschreiter*innen gegeben: Franziskus und Klara von Assisi, Hildegard von Bingen, Theresa von Avila, Johannes vom Kreuz, Charles de Foucauld und andere Mystiker*innen. Und es gab Reformer*innen wie Martin Luther und viele zum größten Teil heute unbekannte Frauen und Männer, die das Wagnis eingingen, ihren Verstand selbst zu benutzen. Sich ganz und gar einzulassen auf ein liebendes, lebendiges, Göttliches Gegenüber. Damit schufen sie neue geistige Räume und Orte des Glaubens, wo trotz einer starren römischen Institution immer wieder inspirierende Geistkraft fließen konnte. Viele dieser Vordenker*innen wurden ermordet oder mundtot gemacht, weil Kirchenmächtige in ihrem Freiheitsdrang eine Bedrohung ihrer Macht sahen.

Anders als früher sind es nicht mehr Einzelne, sondern wir sind viele Männer und Frauen, die der katholischen Kirche den Spiegel vors Gesicht halten. Im Juli 2020 brachte ein provokanter und gut gemachter Rap von Carolin Kebekus die katholische Kirche Deutschlands in Wallung. In ihrer Show hatte die Comedian ein Musikvideo mit dem Titel »Im Namen der Mutter« veröffentlicht, das inzwischen im Internet mehr als 600 000-mal angeklickt wurde. In eindrucksvollen Bildern, die Szenen aus dem kirchlichen Leben und dem Alltag zeigen, thematisiert Carolin Kebekus die Diskriminierung der Frauen in der katholischen Kirche. Der Auftritt und das Lied enthalten keinerlei Beschimpfungen des Glaubens, keine Beleidigung Gott* oder Jesus gegenüber. Carolin Kebekus bekennt sich als Christin, die aber aus der Kirche ausgetreten ist, weil sie keinem »Verein« angehören könne, der Frauen derartig diskriminiert. Carolin Kebekus und ihr Team haben gut recherchiert. Der ganze Beitrag ist kein Ulk, sondern ein humorvolles Zeugnis von dem Verständnis dessen, worum es geht. Der Pastoralreferent Peter Otten aus Köln hat genau hingeschaut: »Besonders beeindruckend sind, wie ich finde, die kurzen Teile des Films, in denen ein Splitscreen, ein geteilter Bildschirm zu sehen ist. In Minute 0:36 blickt ein Priester auf der linken Seite in die Kamera und spendet mit einer Segensgeste den Segen, während auf der rechten Seite mit exakt synchronen Bewegungen eine Frau einen Kuchen teilt. In Minute 0:46 ist auf der linken Seite eine Hand zu sehen, die mit einem Waschlappen am Hals eines alten Mannes entlangfährt, während auf der rechten Seite ein Priester mit einem weißen Tuch eine goldene Hostienschale reinigt, dabei befindet sich die Hostienschale in exakt demselben Winkel wie der Kopf des alten Mannes. In Minute 0:53 gießt ein Priester mit der Hand Wasser über den Kopf eines Täuflings. […] Der Sinn der Taufe wird geradezu gedeutet mit der parallelen Szene auf der rechten Seite: Eine Frau, die einem ins Spiel versunkenen Kind über den Kopf streichelt. […] Dann bricht ein Priester mit erhobenen Händen eine Hostie, während auf der rechten Seite eine Frau – mit angestrengter Stirn – eine Scheibe Brot zerbricht, die sie in der nächsten Szene einem Mädchen in die zur Schale gefügten Hände legt, während auf der linken Seite die zerbrochene Hostie in exakt gleicher Inszenierung in die Hände eines Klerikers – jedenfalls eines Mannes in rotem Talar und weißem Rochett – gelegt wird. In der daran anschließenden Szene beißt das Mädchen lächelnd und mit Genuss in die Scheibe Brot, während der Kleriker mit geschlossenen Augen kommuniziert.«[16]

Für diese mit Sorgfalt und Können und Humor inszenierte Kritik an der Männerkirche hatte die Deutsche Bischofskonferenz keine bessere Antwort, als nach kurzem launigen Einstieg die Gottesferne von Frau Kebekus zu bedauern (schließlich war sie ja aus der römisch-katholischen Kirche ausgetreten – da ist frau natürlich fern von Gott*!) sowie ihr Blasphemie vorzuwerfen. Blasphemie, die es im Beitrag an keiner Stelle gab. Es sei denn, man bezeichnet so ein Sich-lustig-Machen über männliche Selbstvergötterung.

Wer behauptet, dieser humorvolle Beitrag wäre Blasphemie, der oder die sollte sich bitte mit all dem beschäftigen, was die geweihten Hände von Priestern bislang Kindern, Frauen und Männern antaten und antun. *Das* ist Gotteslästerung. Denn was ihr den geringsten meiner Geschwister tut, das tut ihr mir, sagt der Wanderprediger aus Nazaret.

Der Maßlosigkeit im verschiedenen Maßanlegen der Kirchenmänner kann frau manchmal nur ungläubiges Staunen entgegenbringen.

Es gilt,
so zu handeln,
wie es uns Jesus
vorgelebt hat.

9 / WIR WARTEN NICHT LÄNGER

Manchmal denke ich, die Kirche ist wie ein geliebter Partner, der sich in einer Beziehung zurückgezogen hat. Ein Partner, der seine wirkliche Stärke nicht mehr spürt und deshalb meint, alles bestimmen zu müssen. Jemand, der seine Zärtlichkeit verloren hat und launisch geworden ist. Einer, der sich bei Tisch nicht mal mehr über das gute Essen freut. Der nicht mit uns den Feudel schwingt und hilft, den Staub aus den Ritzen zu kehren. Ein Partner, der seine Kinder nicht mehr allzu oft anschaut, nichts Aufregendes mit ihnen unternehmen mag, sie immer die gleichen Wege führt. Einer, der ihre Neugier lästig und ihren Freiheitsdrang bedrohlich findet.

Wir lieben ihn immer noch, irgendwie.
Aber: Wir haben Liebeskummer.
Wir möchten mit ihm reden.
Aber er sagt: »Nicht in diesem Ton!«
Wir möchten Neues ausprobieren, mit ihm tanzen lernen.
Aber er sagt: »Das haben wir doch noch nie gemacht!«

Wir möchten mit ihm auf abenteuerlichen Wegen wandern gehen.
Aber er sagt: »Ich kenne die richtigen Wege.
Alle anderen führen in den Abgrund.«
Wir wollen die Fenster aufreißen.
Aber er sagt: »Es zieht.«
Wir schreiben ihm ein Gedicht.
Aber er sagt: »Interessiert mich nicht.«
Wir möchten mit ihm beten.
Aber er sagt: »Du machst das falsch.«

Wir sind gebunden. Wir haben Kinder.
Wir haben ein Haus. Wir haben Verantwortung.
verANTWORTung
Er will keine Paartherapie.
Dann fangen wir alleine an.
Aufräumen. Neue Wege. Tanzen. Nachdenken.

Vielleicht schaut er ja zu. Vielleicht wiegt er sich schon ein bisschen zur Musik. Vielleicht wird er neugierig.
Vielleicht betört ihn die Poesie.
Vielleicht bekommt er ein zärtliches Gefühl.

Wir fangen einfach an.
Komm doch mit, Geliebter. Oder hinterher.
Bleib nicht auf deinem alten Sessel sitzen.
Der Bezug ist schon ganz dünn geworden.
Wir lassen ihn neu beziehen, aufpolstern.
Dann sitzt du höher, aufrechter, nicht so eingesunken.
Ist auch besser für dein Rückgrat.

Komm, wir machen die Fenster auf. Die Sonne scheint.
Morgen tapezieren wir. Alles wird neu!

Diese Zwischenwand im Wohnzimmer, die kann doch weg! – Dann wird hier alles weiter, großzügiger. Und wir kochen ein gutes Essen, zusammen mit den Kindern. Nach dem Rezept von meiner Mutter, aber mit diesem neuen Gewürz. Oh ja! – Dann machen wir die Türen auf! Die Nachbarn sind doch eigentlich nett! Wir laden sie ein. Weißt du was, den Zaun im Garten, den sollten wir auch abreißen. Dann können die Kinder der beiden Familien viel besser zusammen spielen. Und wir sitzen zusammen im großen Garten mit den Nachbarn und lernen sie endlich mal besser kennen.

Komm, steh auf, Geliebter. Komm doch! Komm, wir fangen an. Keine Angst!

Wir stecken mitten in einer Beziehungskrise mit unserer Kirche. Was sollen wir nur tun? Das, was uns an unsere Kirche bindet, sind ja nicht nur Gewohnheit und Nostalgie, ist nicht nur ein Wohlfühlfaktor in unseren Gemeinden. Wir sehen ja trotz der beschriebenen unheilvollen Strukturen auch eine Fülle von Gutem, wir sehen Menschenfreundlichkeit, Weite und Liebe in und durch Menschen der Kirche. Sie sind weltweit zu finden und miteinander verbunden, über alle Grenzen hinweg. Ein Netzwerk von Jesusfreunden, die Gottes Liebe in der Welt sichtbar machen. Und das ohne Hintergedanken von Machtgier oder einer als Dienen getarnten Selbsterhöhung. Wenn wir nicht um all das Gute wüssten, wären viele von uns schon lange weg.

Das *römische Gesicht* der Kirche aber schaut uns anders an. Wie blicken wir zurück?

Sollen wir weiter die Zeit damit verbringen, den Kirchenoberen beweisen zu wollen, dass sie nicht recht haben? Sollen wir darauf warten, von den Kirchenherren zu hören: »Ja, ihr habt recht! Wir lassen sie los, unsere Kirchenmacht«?

Das werden wir nicht erleben. Die römische Kirche wird die mächtigen Männer, die uns entmündigen und zum Gehorsam ihnen gegenüber zwingen wollen, vorerst vermutlich nicht los. Und sie möchte es vielleicht auch gar nicht, denn diese Männer sind für den römischen Charakter unserer Kirche im Grunde systemrelevant.

Wir sind längst frei

Der kirchlichen Obrigkeit müssen wir nicht länger Macht über uns geben, sondern dürfen so handeln, wie es uns Jesus vorgelebt hat. Wir sind befreit, weil Jesus uns freigesprochen hat. Das können wir leben, indem wir uns diese Kirchenherren und ihre Theologie mit dem Bild eines Männer-Gottes, der auf Kontrolle und Regeln aus ist, vom Leib halten. Indem wir sie aus der Distanz betrachten und ihnen ihre vermeintlichen Wahrheiten nicht glauben.

Wir müssen aufhören, an ihren Lippen zu hängen, auch nicht, um sie kritisieren zu können und den Kopf über sie zu schütteln.

Mächtige Männer der Kirche mit rückwärtsgewandtem Blick sterben nicht aus, sie werden uns niemals respektieren. Aber wir können diesen Menschen den Zugang zu unseren Seelen verbieten. Wir können laut sagen, dass wir ihnen ihren »römischen« Gott* nicht glauben, der seine Präsenz abhängig macht von Männern in römischen Gewändern, die sich gegenseitig für würdig befinden, mitten im Heiligtum zu stehen und an einem Altar kultische Opferhandlungen zu vollziehen.

Jegliche Macht der Welt existiert nur, weil Menschen sie jemandem zusprechen.

Uns bedrohen weder Tod noch Teufel, wenn wir den Kirchenoberen ihre Macht über uns absprechen. Die Exklusivität, mit der sie Millionen von Gläubigen an sich und die Organisation binden, beruht auf der Behauptung, nur sie allein hätten sakramentale Macht, deren Höhepunkt die Eucharistie sei. Ein Ritus, den niemand gültig feiern könne außer ihnen selbst – mit ihren geweihten Händen. Das ist menschenkreierte Abhängigkeit.

Man behauptet, das Heiligste – Gott* – in eine liturgische Handlung zu bannen. Und erlaubt deshalb nur sich selbst, den geweihten Männerpriestern, als einzigen Potentaten, die nach Göttlichem Willen so etwas vermögen, diese Handlung auszuführen. Eucharistie wird auf diese Weise vor allem als Zentrum der Macht verstanden.

Als wir *Maria 2.0* gründeten, gab es zeitgleich eine Gebetsinitiative vom Kloster Fahr in der Schweiz. Seitdem beten jeden Donnerstag in aller Welt Frauen und Männer dieses Gebet. Es heißt »Schritt für Schritt«:

Gott, du unser Vater und unsere Mutter, wir alle wissen, wie es um unsere Kirche steht. Unrecht geschah und geschieht, Macht wurde und wird missbraucht. »Bei euch aber soll es nicht so sein«, sagt Jesus.
Wir bitten dich um dein Erbarmen. Kyrie eleison.

Frauen und Männer sind durch die eine Taufe gleich- und vollwertige Mitglieder der Kirche. Im Miteinander in allen Diensten und Ämtern können sie zu einer Kirche beitragen, die erneuert in die Zukunft geht.
Wir bitten dich um Kraft und Zuversicht. Kyrie eleison.

Menschen kommen mit ihrer Sehnsucht nach Frieden, nach Gemeinschaft, nach Beziehung zu Gott und zueinander. Eine glaubwürdige Kirche ist offen für Menschen gleich welcher Herkunft, Nationalität oder sexuellen Orientierung. Sie ist da für Menschen, deren Lebensentwurf augenscheinlich gescheitert ist, und nimmt sie an mit ihren Brüchen und Umwegen. Sie wertet und verurteilt nicht, sondern vertraut darauf, dass die Geistkraft auch dort wirkt, wo es nach menschlichem Ermessen unmöglich ist.
Wir bitten dich um Kraft und Zuversicht. Kyrie eleison.

In dieser Zeit, in der Angst und Enge lähmen und die Zukunft düster erscheint, braucht es großes Vertrauen, um mit Zuversicht nach vorn zu schauen. Es braucht Vertrauen, dass durch neue Wege und einschneidende Veränderungen mehr Gutes geschaffen wird als durch Verharren im Ist-Zustand.
Wir bitten dich um Kraft und Zuversicht. Kyrie eleison.

Gott, du unsere Mutter und unser Vater, im Vertrauen darauf, dass du mit uns auf dem Weg bist, gehen wir weiter mit und in der Kirche; in der Tradition all der Frauen und Männer, die vor uns aus dem Feuer der Geistkraft gelebt und gehandelt haben, die vor uns und für uns geglaubt und gelebt haben.
Die heilige Scholastika vertraute auf die Kraft des Gebets. In ihrem Sinne wollen wir Schritt für Schritt vorwärtsgehen, beten und handeln, wie sie es getan hat: »Geht, Schwestern und Brüder, wie ihr könnt!«
Behüte uns. Sei mit uns alle Tage bis zum Ende der Welt. Darum bitten wir jetzt und in Ewigkeit.
Amen.

Dorothee Becker, Anne Burgmer, Jeanine Kosch
und Priorin Irene Gassmann - Kloster Fahr[17]

Wir treffen uns wöchentlich zu diesem Gebet. Wir bringen mit, was uns in der vergangenen Woche berührt hat. Wir singen, beten, sind still. Wir suchen nach neuen Formen, versuchen, ohne Pathos oder Vorgaben würdig und authentisch Gottesdienst zu feiern.

Da muss nichts »klappen«, da bringt jede*r sich ein, der/die gerne möchte. Es ist mir eine kostbare wöchentliche Gemeinschaft des Suchens und des Glaubens geworden.

frauenfragen

wenn eine frau
das WORT geboren hat
warum sollten frauen dann
das wort nicht von der kanzel künden

wenn eine frau
für ihr zuhören gelobt wird
warum sollten frauen dann
das gelernte nicht auch lehren

wenn eine frau
die füße jesu küsste
warum sollten frauen dann
den altar nicht küssen können

wenn eine frau
den leib christi salben konnte
warum sollten frauen dann
nicht zum salbungsdienst befähigt sein

wenn eine frau
jesu sinneswandlung durch ein brotwort wirkte
warum sollten frauen dann
bei der wandlung nicht das brotwort sprechen

wenn eine frau
von jesus krüge voller wein erbitten konnte
warum sollten frauen dann
über einen kelch mit wein nicht auch den segen beten

wenn eine frau
den jüngern als apostelin vorausging
warum sollten frauen dann
zur apostelnachfolge nicht auch gerufen sein

Andreas Knapp[18]

Mächtig,
weil die Liebe regiert.

10 / SCHRITTE ZU EINER GERECHTEREN KIRCHE

Was wir loslassen müssen, wenn wir uns auf den Weg zu einer gerechteren Kirche machen, an der alle gleichermaßen teilhaben können, ist Sicherheit. Wir müssen mit Widerstand rechnen, wir werden vielleicht manches, was uns lieb geworden ist, verlieren.

Die Sicherheit, die Kirche bietet, kostet einen hohen Preis: Gehorsam und keinerlei Widerspruch, auch wenn Verstand, Gewissen und Herz etwas anderes sagen. Das ist zutiefst unchristlich. Und mehr und mehr Menschen können und wollen diesen Preis nicht mehr zahlen. Denn er macht unfrei und abhängig.

Seit Jahrhunderten hängen wir an der Nabelschnur von Mutter Kirche. Wir schwimmen in ihrer geschlossenen Fruchtblase und warten, dass endlich etwas geschieht, etwas Neues beginnt. Aber Mutter Kirche nimmt, um im Bild zu bleiben, sozusagen ständig wehenhemmende Medikamente. Damit alles weiterhin schön ruhig bleibt und wir glauben, die Blase, in der wir leben, sei die Welt. Aber die Zeit des Wartens ist vorbei!

Ich träume von einer neuen Kirche, die deshalb mächtig ist, weil in ihr die Liebe regiert.

Diese Kirche braucht keine »Stellvertreter Christi«, weil sie ihn in jedem Menschen sieht. Drei zentrale Gedanken Jesu spielen dabei eine wichtige Rolle: »Was ihr den geringsten meiner Brüder tut, das tut ihr mir«, »Wo zwei oder drei in meinem Namen versammelt sind, da bin ich mitten unter ihnen« und »Tut dies zu meinem Gedächtnis«.

Neue Wirklichkeit entsteht nicht durch Reden, sondern durch konkretes Tun. Wir erneuern Kirche, weil wir Kirche sind und weil wir so handeln, wie wir es von Jesus gelernt haben. Wir versammeln uns in seinem Namen an verschiedenen Orten, feiern zusammen das Liebesmahl. Niemand steht unseren Versammlungen vor. Jesus ist unter uns, wenn jede*r willkommen ist.

Jesus hat keine neue Religion gegründet. Er lebte und starb als frommer Jude. Er hat auch nicht »die Kirche« gegründet. Da waren Menschen, die ihm folgen wollten. Deshalb kamen sie zusammen.

Die Kirche sollte Gefäß sein für den Auftrag Jesu, die Liebe Gottes unter den Menschen sichtbar zu machen und dadurch sein Reich zu verkünden. So lange, bis es selbstverständlich ist. Bis die Liebe unter den Menschen Kirche überflüssig macht …

Jesus ging zu den Menschen, er war bei ihnen zu Gast. Und so taten es auch seine Freunde. Tun wir das auch! Suchen wir Gastgeber*innen! In Küchen und Wohnzimmern, in Gärten, in Sporthallen, Altenheimen, in Gaststätten oder in Obdachlosenheimen können wir zusammenkommen. Viele, die auf Besuch warten und sich nach Gemeinschaft sehnen, können sich einbringen.

Wir haben viele Ideen und möchten einiges erproben, was lange undenkbar erschien. Es gibt keinen festen Ort aus Stein oder Holz für diese Art von Gemeinde. Das Beisammensein wird zur Kirche ohne Netz und doppelten Boden. Es braucht keine Schlüssel- oder Deutungshoheit, keine Bestimmer*innen. Als Gast und Gastgeber*in begegnen wir uns auf Augenhöhe und nicht von oben herab.

Wir können an einer neuen Kirche mitbauen, in der sich Menschen heimisch fühlen, die Christ*innen sind und bleiben wollen. An einer Gemeinschaft, die Räume schafft, auch für diejenigen, die sich durch das Festhalten der alten Kirche an ausgrenzenden und undemokratischen Strukturen abgestoßen fühlen.

Ob unsere Beziehung zu Gott* geprägt ist durch Liebe, Vertrauen und Intimität, wie sie in Jesus aufscheint – ob sie also eine erwachsene Liebesbeziehung ist oder ein

Verdammung und Strafe fürchtendes Angstverhältnis –, das hat mehr mit der Liebe und Zuwendung zu tun, die wir erfahren, als mit der Zahl der Gebete und Regeln, die wir lernen und ausführen.

Nicht jedes unserer Vorhaben wird gelingen. Aber wenn wir nicht den Anspruch haben, alles gleich in Ewigkeitsmodelle zu gießen, dürfen wir auch mal auf dem Holzweg sein.

Es gibt noch viele Fragen zu klären. Antworten finden wir in der Nachfolge Jesu, indem wir sein Wort ernst nehmen. Wenn wir uns der Geistkraft anvertrauen und Jesus glauben, dass Gott* uns bedingungslos liebt, dann führt uns der Glaube in die Weite.

Auf dem Weg zu sein und mit den Menschen Glauben und Leben, Wein und Brot zu teilen, ist jesuanische Nachfolge.

Im Film *Das 1. Evangelium – Matthäus* von Pasolini kommt Jesus aus der Wüste und begegnet ein paar Männern. Das Erste, was er nach diesen 40 Tagen des Meditierens und Ringens mit den eigenen Abgründen zu ihnen sagt, ist: Ändert euren Sinn!

Der Wandel, nicht der Stillstand, ist ein Geheimnis unseres Glaubens.

Veränderung geschieht nicht von heute auf morgen. Aber Stillstand können wir uns nicht länger leisten.

Scheitern ist erlaubt, Umwege auch. Fatal ist es, wenn aus lauter Angst, etwas falsch zu machen, das bestehende System immer mehr erstarrt.

Wir helfen einander als Bewegung *Maria 2.0* durchs Leben. Auch indem wir unserer Sehnsucht und unserer Gottesbeziehung Lieder geben, Zeichen, Bilder und Tänze. Indem wir versuchen zu verdichten, was uns geschenkt ist. Indem wir uns wandeln, weil wir lebendig sind. Indem wir Brot brechen und teilen. Gemeinschaft erfahren in der Freude, in der Trauer, in der Endlichkeit und in der Hoffnung.

Die Zeit der Einzelkämpfer ist vorbei

Sind das nicht alles Träumereien? Und werden diese Wunschvorstellungen nicht an der mächtigen Organisation der Kirche scheitern?

Ja, das Risiko besteht. Und ja, wir sind Träumerinnen. Aber glauben heißt auch vertrauen. Und schon heute ist kirchenrechtlich einiges möglich – wenn die Bischöfe nur wollen. Die Schweiz macht es vor: Die Leitung der Gemeinde muss nicht mehr allein in der Hand eines Klerikers liegen. Die Zeit der Einzelkämpfer ist vorbei. Doppelspitzen, männlich und weiblich besetzt, können helfen, gemeinsam mit möglichst vielen engagierten Gemeindemitgliedern neue Formen des Miteinanders zu finden.

Auch alle Gremien der Pfarreien sollten so weit wie möglich paritätisch besetzt und mit Entscheidungsbefugnis ausgestattet werden. Wir brauchen ein gelebtes Priestertum aller Getauften, auch auf Leitungsebene. Jede und jeder kann ein Segen sein.

In Zürich gibt es eine Gemeinde, die Wundervolles macht: Einmal im Monat lädt sie nicht nur die Gemeindemitglieder, sondern alle Leute aus dem Viertel ein zu *Brot und Wein*. So nennt sie diesen Abend. Immer gibt es einen besonderen Gast, der etwas zu erzählen hat: einen Modemacher, eine Geschäftsfrau, einen Musiker, eine Psychologin oder den Imam der nahe gelegenen muslimischen Gemeinde. Egal, ob jemand Christ*in ist oder nicht – es geht darum, einander zuzuhören. Und dazu gibt es eben Brot und Wein – natürlich auch einen guten Käse. Und immer wird an diesen Abenden irgendwann auch über den Glauben gesprochen, das Verbindende gesucht. In solchen Momenten das Leben bei Brot und Wein zu teilen, das ist für mich nicht nur Seelsorge, sondern eucharistisches Tun.

Eine paritätische Gemeindeleitung gibt es in vielen Gemeinden der Schweiz, inzwischen auch in Deutschland. Da werden mancherorts die Gemeindeleitungen alle drei Jahre neu gewählt beziehungsweise bestätigt, auch der Priester wird alle paar Jahre bestätigt beziehungsweise gewählt. Gemeindeleitung kann mit der Person des Priesters (oder später einmal: der Priesterin) identisch sein. Aber es muss nicht so sein. Entscheiden tut dies die Gemeinde.

Warum sollte eine offene Wahl durch die Gemeindemitglieder weniger gerecht sein als die wenig transparenten Berufungs- und Auswahlprozesse in der jetzigen Struktur?

Niemand wird ausgeschlossen, wenn wir uns gegenseitig segnen, wenn wir uns begleiten und bestärken. Wir bilden Gemeinschaften vor Ort, in denen wir unseren Verstand benutzen, einander zuhören, Neues ausprobieren und verwerfen dürfen. In diesen selbstverantwortlichen Gemeinschaften, die Kirche sind, sprudelt das Leben. Deshalb decken wir als Bewegung *Maria 2.0* die Tische auf den Kirchplätzen, und jede*r, die/der kommen mag, ist willkommen. Wir beten, singen und brechen gemeinsam das Brot.

Das folgende Gedicht, das eine Mitinitiatorin von *Maria 2.0,* meine Freundin Andrea Voß-Frick, geschrieben hat, bringt dieses Lebensgefühl gut zum Ausdruck:

In unserer Kirche, im Morgen,
wird das Wort Jesu nicht nur verkündet,
sondern auch gelebt.
Wird der Mensch,
jeder so, wie er ist,
geliebt.
Wird getanzt und gelacht und gefeiert.
Wird das Brot geteilt und das Leid.
Wird der Wein geteilt und die Freude.
In dieser Kirche, im Morgen,
siegen Mut und Liebe, Barmherzigkeit und Mitgefühl
über Angst und Machtgier,
Ausgrenzung und Selbstmitleid.
In dieser Kirche, im Morgen,
sind
Frau und Mann
Kind und Greis
Homo und Hetero
arm und reich
gebunden und ungebunden
zusammen und allein.
Willkommen an jedem Ort und
willkommen in jeder Berufung.
Willkommen als lebendiger Widerschein
von Gottes liebendem Blick.[19]

Jesus wollte keine
neue Religion gründen.
Er wollte den Menschen
eine neue Gottesbeziehung
schenken, die sie befreit
von gegenseitiger Ausbeutung
und Kontrollsucht.

11 / DER WEG IN DIE WEITE

Wenn Jesus von Gott* spricht, spricht er in Bildern. Gemeinsam haben all diese Bilder einen durchweg positiven Klang. Jesus malt sie uns in warmen Farben, in hoffnungsvollen Linien. Gleichzeitig lässt er Raum für jede*n Betrachter*in. Er erzählt von einer Liebe ohne Bedingung, von seinem unendlichen Vertrauen. Jesus ist der, der den Psalm 139 lebt.

HERR, du hast mich erforscht und kennst mich. [2] Ob ich
sitze oder stehe, du kennst es. Du durchschaust meine
Gedanken von fern. [3] Ob ich gehe oder ruhe, du hast es
gemessen. Du bist vertraut mit all meinen Wegen. [4] Ja,
noch nicht ist das Wort auf meiner Zunge, siehe, HERR,
da hast du es schon völlig erkannt. [5] Von hinten und von
vorn hast du mich umschlossen, hast auf mich deine
Hand gelegt. [6] Zu wunderbar ist für mich dieses Wissen,
zu hoch, ich kann es nicht begreifen. [7] Wohin kann ich
gehen vor deinem Geist, wohin vor deinem Angesicht
fliehen? [8] Wenn ich hinaufstiege zum Himmel – dort bist
du; wenn ich mich lagerte in der Unterwelt – siehe, da
bist du. [9] Nähme ich die Flügel des Morgenrots, ließe ich

mich nieder am Ende des Meeres, [10] *auch dort würde deine Hand mich leiten und deine Rechte mich ergreifen.* [11] *Würde ich sagen: Finsternis soll mich verschlingen und das Licht um mich soll Nacht sein!* [12] *Auch die Finsternis ist nicht finster vor dir, die Nacht leuchtet wie der Tag, wie das Licht wird die Finsternis.* [13] *Du selbst hast mein Innerstes geschaffen, hast mich gewoben im Schoß meiner Mutter.* [14] *Ich danke dir, dass ich so staunenswert und wunderbar gestaltet bin. Ich weiß es genau: Wunderbar sind deine Werke.* [15] *Dir waren meine Glieder nicht verborgen, als ich gemacht wurde im Verborgenen, gewirkt in den Tiefen der Erde.* [16] *Als ich noch gestaltlos war, sahen mich bereits deine Augen. In deinem Buch sind sie alle verzeichnet: die Tage, die schon geformt waren, als noch keiner von ihnen da war.* [17] *Wie kostbar sind mir deine Gedanken, Gott! Wie gewaltig ist ihre Summe!* [18] *Wollte ich sie zählen, sie sind zahlreicher als der Sand. Ich erwache, und noch immer bin ich bei dir.*

Jesus zeigt uns, dass das Vertrauen auf Gott* keine Einbahnstraße ist. Seine Gottesbeziehung lebt von einem tiefen, gegenseitigen Vertrauen, ohne Wenn und Aber. Die Zusage Jesu, »Ich bin bei euch alle Tage«, ist Grund unserer Freiheit. Deshalb halte ich eine religiöse Enge, die in so mancher Katechese Menschen, ja schon Kindern, vermittelt wird, für fatal. Ich bin überzeugt, dass das Gottesbild, das wir haben, unser Menschenbild prägt. Jesus nannte Gott Abba. Wir sagen Vater. Oder Mutter. Oder Du. Entscheidend ist die Liebesbeziehung.

Jesus wollte keine neue Religion gründen. Jesus war ein frommer Jude. Er wollte den Menschen eine neue Gottesbeziehung schenken, die sie befreit von gegenseitiger Ausbeutung und Kontrollsucht. Er hat Gemeinschaft gepflegt, sie gefördert, und er hat sie als Spiegelbild der Göttlichen Liebe gesehen, wenn wir uns denn befreien lassen. Nach einer Gemeinschaft und Gemeinde, die Gottes- und Menschenliebe nicht trennt, sondern für untrennbar hält und lebt, sehnen sich viele Menschen.

Eine Gottesbeziehung ist etwas sehr Intimes. Wie soll sie durch »richtige« Gebete, Floskeln und kirchliche »Wahrheiten« entstehen?

Was fängt ein Kind an mit einer Aussage wie: »Gott* sieht alles«, die mehr Drohung ist, als dass sie Geborgenheit vermittelt?

Was lässt einen Menschen innerlich wachsen? Was macht ihn wahrhaftig sich selbst und anderen gegenüber? Immer geht es um Vertrauen und Liebe. Und all das Regelwerk, das Religionen als notwendig erachten, um in Beziehung mit Gott* zu kommen, verbirgt und verdrängt eher die Sehnsucht, die unser liebendes, Göttliches Gegenüber ohnehin in jedes Menschenherz legt. Davon bin ich überzeugt.

Kindliches Vertrauen wächst nicht, indem wir einem Kind Regeln des Vertrauens beibringen, sondern wenn unser Zusammenleben ihm Grund gibt, zu vertrauen. Lebensfreude lernt man nicht durch Belehrung, sondern durch Freude am Leben. Liebe zu Gottes Schöpfung entwickelt sich durch Erleben – bei ausgiebigen Streifzügen durch Wald und Feld, beim Beobachten von Tieren, beim Blick vom Gipfel eines Berges oder beim Staunen über die Schönheit eines Sonnenaufgangs. Sich in etwas zu vertiefen, lernt man nicht durch zwanghaftes Stillsitzen, sondern durch Zeit und Ruhe. Beten lernt man durch Beziehung.

Mir will scheinen, dass die Lehre der Kirche, die Praxis des katholischen Betens, die Katechese für junge und erwachsene Menschen nicht in die Weite führen, nicht den Psalm 139 erlebbar machen, sondern dem Göttlichen Geheimnis und der Geistkraft ungeheuer misstrauisch gegenübertreten.

Gläubiges Staunen, andächtige Scheu, liebevolles Tun – all dies braucht vorgelebtes Leben. Viel mehr als Worte.

Zum Beginn der Fastenzeit habe ich dazu in einer Kirche in Münster eine Predigt gehalten, in der deutlich wird, um was es mir geht: Ich hatte ein »Fastenglas« mitgebracht, wie wir es als Kinder aus einem Einmachglas zu Beginn jeder Fastenzeit bastelten. Darauf war ein Herz aus Karopapier geklebt, mit rot und schwarz ausgemalten Feldern. Ein Kinderherz.

Als kleines Mädchen habe ich dieses klein karierte Herz dem lieben Gott* hingehalten, damit er die roten und schwarzen Karos sehen konnte – Mühe und Versagen. So konnte er die schwarzen Karos – die bösen – zählen wie die schwarzen Flecken auf meiner Kinderseele. So wurde es uns von Pfarrern und Eltern beigebracht.

Was ist das für ein Gottesbild, das bereits meinen Eltern aus dem 19. Jahrhundert herüberwuchernd als »Wahrheit« beigebracht wurde und das sie ungefiltert an uns Kinder weitergaben? Und gleichzeitig: Was ist das für ein Menschenbild, das sie uns dadurch zeigten?

Nicht meine Talente, meine Sorgfalt, mein Denken, Sehnen, Fühlen zeigte ich vertrauensvoll diesem Gott*. Nicht meine Träume und Ideen, mein Sinn für Gerechtigkeit und der Schmerz über Unrecht schienen ihn zu interessieren. Genauso wenig wie meine Wut und Frustration, meine Ungeduld und meine Ängste.

Nein. Versagen oder Gehorsam waren zu messen an schwarzen und roten Karokästchen. Wut, die ungesagt blieb, war keine Sünde. Ohnmacht, die ich hinausschrie, aber durchaus. Es war eine einfache Gleichung: Bravheit gut – Wildheit Sünde.

So sei Gott*, lehrte man uns. Einer, der wie ein Kleinkrämer zählt und misst. Gott*, der uns beurteilt und verurteilt. Der unser Benehmen und unseren Gehorsam wiegt. Einer, um dessen Gunst wir buhlen müssen, indem wir uns Freude versagen und uns kleinmachen. Gott*, der sich freut, wenn wir Leid ertragen, Unrecht schlucken oder Bescheidenheit bis zur Selbstverleugnung vorspielen. Der traurig ist, wenn wir heimlich naschen, frech sind, Widerworte geben …

Natürlich habe ich mein klein kariertes Herz auch meinen Eltern hingehalten, damit sie meine Leistung sehen und mich deswegen lieb haben. Ich habe mir ihre Liebe »verdient«!

Manchmal denke ich, wir Christ*innen sind selbst zu kleinkarierten Pflichterfüller*innen geworden, die an einen erbsenzählenden Gott* glauben.

Wir nehmen Jesus die unbedingte Liebe Gottes, die er uns zusagt, nicht ab.

Wir haben es verlernt, uns geliebt zu fühlen, ohne Leistungsnachweis auf Karopapier. Wir glauben stattdessen, unsere menschengemachten Regeln und Dogmen seien die Richtschnur im Himmel und auf Erden. Mit diesen Regeln haben wir uns selbst gefesselt und gebunden – an Menschenmacht, an Klerikalismus, an die Deutungshoheit einer männerdominierten Herrschaftsstruktur aus dem 19. Jahrhundert. An ihre vermeintliche Gotteswahrheit.

Meinen Eltern werfe ich das klein karierte Kinderherz nicht vor, das sie – und damit auch ich – meinten, ausfüllen zu müssen. Sie hatten dieses Narrativ als verschreckte Kinder selbst so gelernt, wie schon ihre Eltern vor ihnen, denen das Gleiche erzählt wurde …

Ich bin kein verschrecktes kleines Mädchen mehr. Ich muss mir, meinen Kindern und Enkelkindern heute selbst Antwort geben, wenn sie mich nach dem Grund meines Glaubens fragen. Dann sage ich, dass wir uns heute – ein halbes Jahrhundert nach der Zeit, die ich mit meinem klein karierten Fasten-Herz verbracht habe, 100 Jahre nach der Einführung des Wahlrechts für Frauen und 150 Jahre nach dem verheerenden ersten Vatikanischen Konzil – endlich trauen sollten, unseren Verstand, dieses wunderbare Gottesgeschenk, auch in Glaubensfragen zu gebrauchen. Dass wir uns endlich trauen sollten, Jesus von Nazaret mehr zu glauben als den Regeln machtbesessener Männer, die bestimmen, was Kirche ist, und auch bestimmen wollen, was wir zu glauben haben.

Ich antworte meinen Kindern und Enkelkindern und allen anderen, die mich fragen, dass ich an einen menschenfreundlichen Gott* glaube, dessen Bild wir sind und dessen Barmherzigkeit unteilbar ist. An Jesus, der die Menschen unendlich liebt. Und dass ich fest davon ausgehe, dass die Welt heiler würde, wenn alle Menschen, die an ein Göttliches Gegenüber glauben, diese Liebe ernst nähmen.

Ich antworte, dass ein Netzwerk von 1,3 Milliarden Katholik*innen und vielen Millionen anderen Christ*innen weltweit eigentlich etwas bewegen müsste. Wenn wir jesuanische Christ*innen und das Salz der Erde wären, wie Jesus sagt, dann wären wir auch Milliarden von winzigen Senfkörnern, von denen er im Gleichnis spricht. Was für ein Blühen auf der Welt könnte sein, welch ein Erntesegen! Wenn wir endlich eines bedächten: Männer allein können keine Frucht bringen. Dazu braucht es Frauen und Männer.

Ich wünsche uns allen ein weites Herz, kein klein-kariertes. Einen Malgrund für die unerwarteten Farben und freien Formen der Geisteskraft.

Wir sind unterwegs. Zu zweit, zu dritt, zu vielen …
Und ER ist mitten unter uns.

MARIA 2.0?

Ich will Mitglied werden! Das schreiben uns viele Frauen und auch Männer. Das geht leider nicht, schreiben wir zurück. Aber mitmachen, teilhaben, mitgestalten – das geht sofort. Ganz ohne Unterschrift, ohne Jahresbeitrag, ohne Amt – aber mit viel Würde.

Maria 2.0 lebt von der Überzeugung, dass es keine wichtigen und unwichtigen Personen gibt. Wir sind nicht Verein und nicht Verband, und wir sind auch keine neue Kirche. Jede*r, der/die sich einbringen will, ist auf Augenhöhe und selbstverantwortlich dabei. Sie müssen nicht einmal katholisch sein …

Wir stehen nicht in »Konkurrenz« zu Verbänden und Gruppen. Es gibt aber eine fruchtbare, inspirierende Zusammenarbeit mit (Frauen-)Verbänden und Reformgruppen in und außerhalb unserer Kirche, die zum Teil schon seit Jahrzehnten wichtige Arbeit leisten und den Boden unermüdlich beackern. Deren Mitglieder engagieren sich in großer Zahl bei *Maria 2.0.*

Unsere Verbindungen untereinander sind wie ein freischwingendes Netz mit losen Enden zum Weiterknüpfen, also eine stets lebendige, wandelbare Struktur. Dadurch können wir schnell sein. Eine Gruppe kann heute etwas beschließen und zwei Minuten später umsetzen oder veröffentlichen. Sie braucht kein Mandat, und es gibt keine »Bestimmer*innen« bei *Maria 2.0*. In Freiburg kleiden sich die »Marias« rot, in Frankfurt ballen sie Frauen- und Kinderfaust, in Köln wird der Dom umarmt, in Kassel werden große Demos geplant, und in Ulm machen sie einen Flashmob. Und beim nächsten Mal kann alles wieder ganz neu und anders werden.

Nicht alle müssen das Gleiche mögen, einige würden vielleicht manches nicht oder gerne anders sagen. Aber wir lieben die Vielfalt und wir halten sie aus. *Maria 2.0* ist divers. Manchmal passieren auch Dinge, die ich persönlich anders tun oder sagen würde. Aber, wie meine kluge Freundin Michaela immer sagt: »Die/der andere ist anders.«

Solange es um ein »Hineinnehmen statt Ausgrenzen« geht und um »Segnen statt Verdammen«, führen viele Wege ins Helle. Und wenn Sie gerne Teil dieses freischwingenden Netzes sein möchten, dann erkundigen Sie sich vor Ort, in den Gemeinden oder den Frauenverbänden, ob es schon *Maria 2.0*-Gruppen gibt. Oder suchen Sie sich ein oder zwei Verbündete und legen Sie los. Nur Mut!

Manchmal kann ich es kaum glauben, dass so viele Menschen gemeinsam schwingen, ohne dass sich Machtstrukturen bilden. Vertrauen erleben wir als wirkmächtig und unabdingbar. Im gegenseitigen Vertrauen hat die Bewegung ihren Grund: in der jesuanischen Botschaft von der Freiheit der geliebten Kinder Gottes.

Mehr Informationen:
www.mariazweipunktnull.de

Außerdem gibt es eine für jede*n offene Facebook-Seite (man muss dazu kein Mitglied bei Facebook sein), täglich aktualisiert:
www.facebook.com/pages/category/Interest/Maria-20-267424447506047/

ANHANG

Neuer Thesenanschlag nach 500 Jahren

Die nachfolgenden 7 Thesen wurden am 21. Februar 2021 an über tausend Kirchentüren im gesamten Bundesgebiet angeschlagen:

An alle Menschen, die guten Willens sind

Unsere Vision:

1. **In unserer Kirche haben alle Menschen Zugang zu allen Ämtern.**
   Denn Menschenrechte und Grundgesetz garantieren allen Menschen gleiche Rechte – nur die katholische Kirche ignoriert das. Mannsein begründet heute Sonderrechte in der Kirche.

#gerecht: gleiche Würde - gleiche Rechte

2. In unserer Kirche haben alle teil am Sendungsauftrag; Macht wird geteilt.

Denn der Klerikalismus ist heute eines der Grundprobleme der katholischen Kirche und fördert den Machtmissbrauch mit all seinen menschenunwürdigen Facetten.

#partizipativ: gemeinsame Verantwortung

3. In unserer Kirche werden Taten sexualisierter Gewalt umfassend aufgeklärt und Verantwortliche zur Rechenschaft gezogen. Ursachen werden konsequent bekämpft.

Denn viel zu lange schon ist die katholische Kirche ein Tatort sexueller Gewalt. Kirchliche Machthaber halten immer noch Informationen zu solchen Gewaltverbrechen unter Verschluss und stehlen sich aus der Verantwortung.

#glaubwürdig: respektvoller Umgang und Transparenz

4. **Unsere Kirche zeigt eine wertschätzende Haltung und Anerkennung gegenüber selbstbestimmter, achtsamer Sexualität und Partnerschaft.**
Denn die offiziell gelehrte Sexualmoral ist lebensfremd und diskriminierend. Sie orientiert sich nicht am christlichen Menschenbild und wird von der Mehrheit der Gläubigen nicht mehr ernst genommen.

#bunt: leben in gelingenden Beziehungen

5. **In unserer Kirche ist die zölibatäre Lebensform keine Voraussetzung für die Ausübung eines Weiheamtes.**
Denn die Zölibatsverpflichtung hindert Menschen daran, ihrer Berufung zu folgen. Wer diese Pflicht nicht einhalten kann, lebt oft hinter Scheinfassaden und wird in existentielle Krisen gestürzt.

#lebensnah: ohne Pflichtzölibat

6. **Unsere Kirche wirtschaftet nach christlichen Prinzipien. Sie ist Verwalterin des ihr anvertrauten Vermögens; es gehört ihr nicht.**
Denn Prunk, dubiose Finanztransaktionen und persönliche Bereicherung kirchlicher Entscheidungsträger haben das Vertrauen in die Kirche tiefgreifend erschüttert und schwinden lassen.

#verantwortungsvoll: nachhaltiges Wirtschaften

7. **Unser Auftrag ist die Botschaft Jesu Christi. Wir handeln danach und stellen uns dem gesellschaftlichen Diskurs.**
Denn die Kirchenleitung hat ihre Glaubwürdigkeit verspielt. Sie schafft es nicht, sich überzeugend Gehör zu verschaffen und sich im Sinne des Evangeliums für eine gerechte Welt einzusetzen.

#relevant: für Menschen, Gesellschaft und Umwelt

Quelle: https://thesen-maria-2-0.jimdosite.com/

Offener Brief an Papst Franziskus anlässlich des Sondergipfels zum Thema der sexualisierten Gewalt in der Kirche im Februar 2020

Heiliger Vater,
wir Frauen glauben, Jesus von Nazaret hat Männern UND Frauen seine befreiende Frohe Botschaft der Liebe verkündet und uns alle zur Nachfolge aufgerufen.

Wir beklagen

- die vielen bekannten und unbekannten Fälle von Missbrauch und Verletzungen jeglicher Art in der römisch-katholischen Kirche
- deren Vertuschung und Verdunkelung durch Amtsträger
- das Fehlen glaubhafter Entschuldigungen und echter Hilfe für alle, denen Gewalt angetan wurde
- dass deshalb viele Menschen der Kirche die Botschaft nicht mehr glauben

Wir stehen fassungslos, enttäuscht und wütend vor dem Scherbenhaufen unserer Zuneigung und unseres Vertrauens zu unserer Kirche.

Darum fordern wir, wie schon viele vor uns

- kein Amt mehr für diejenigen, die andere geschändet haben an Leib und Seele oder diese Taten geduldet oder vertuscht haben
- die selbstverständliche Überstellung der Täter an weltliche Gerichte und uneingeschränkte Kooperation mit den Strafverfolgungsbehörden
- den Zugang von Frauen zu allen Ämtern der Kirche
- die Aufhebung des Pflicht-Zölibats
- kirchliche Sexualmoral an der Lebenswirklichkeit der Menschen auszurichten

Frauenlob wird gerne von Kirchenmännern gesungen, die aber allein bestimmen, wo Frauen ihre Talente in der Kirche einbringen dürfen. In ihrer Mitte dulden sie nur eine Frau: Maria. Auf ihrem Sockel. Da steht sie. Und darf nur schweigen.

Holen wir sie vom Sockel! In unsere Mitte. Als Schwester, die in die gleiche Richtung schaut wie wir.

Wir handeln. Wir hängen diesen Brief an alle Kirchentüren und rufen alle Frauen auf zur Aktion *Maria 2.0:* Von Samstag, 11., bis Samstag, 18. Mai 2019, betreten wir keine Kirche und tun keinen Dienst. Wir alle wissen, wie leer dann die Kirchen sein werden und wie viel Arbeit unerledigt bleiben wird.

Wir bleiben draußen!

Wir feiern die Gottesdienste auf den Kirchplätzen, vor den Kirchentüren.

Wir tanzen, singen, beten, finden neue Worte und neue Ausdrucksformen!

Wir sorgen für Leib und Seele und heißen auch die Männer willkommen!

Wir bringen weiße Betttücher mit. Wir bedecken die Plätze mit dem Weiß der Unschuld, mit dem Weiß der Trauer und des Mitgefühls. Die weißen Tücher können beschrieben, bemalt, besudelt werden. Sie können verknotet werden zu langen Ketten und riesigen Buchstaben … Es gibt bestimmt noch viel mehr Ideen!

Umgeben wir unsere Kirchen mit der Farbe des Neuanfangs

Hochachtungsvoll
Die unterschreibenden Frauen und Männer

Quelle: https://weact.campact.de/petitions/offener-brief-an-papst-franziskus-aus-anlass-des-sondergipfels-uber-missbrauch-in-der-kirche (die Petition wurde überreicht und kann daher nicht mehr unterschrieben werden)

VITA

Foto: © Ralf Baumgarten

Elisabeth (Lisa) Kötter kam als viertes von fünf Kindern 1960 in Münster zur Welt. Zwischen katholischer Enge und unbeaufsichtigter Kinderfreiheit wuchs sie mit vier Brüdern auf. Kunststudium und Ausbildung in Freiburg, Kassel und Göttingen. Lisa Kötter hat vier erwachsene Kinder und drei Enkeltöchter. Sie lebt als freischaffende Künstlerin mit ihrem Ehemann heute wieder in Münster. Im Jahr 2019 hat sie die Bewegung *Maria 2.0* mitinitiiert und engagiert sich seitdem bei vielen Aktionen.

QUELLEN UND HINWEISE

1 Huub Oosterhuis nach Jesaja 43,16–21; Huub Oosterhuis, Du Atem meiner Lieder © 2009 Herder Verlag, Freiburg

2 Darüber berichtete unter anderem DIE ZEIT: https://www.zeit.de/gesellschaft/2020-06/sexueller-missbrauch-deutsche-bischofskonferenz-erklaerung-missbrauchsaufarbeitung-katholische-kirche

3 Siehe: https://www.zeit.de/2020/41/missbrauch-katholische-kirche-joachim-kardinal-meisner

4 Hier ist die Studie zu finden: https://www.dbk.de/fileadmin/redaktion/diverse_downloads/dossiers_2018/MHG-Studie-gesamt.pdf

5 Quelle: Harald Dreßing, »Das Ausmaß der Vertuschung«, in: Herder Korrespondenz, Oktober 2020; Artikel vom 25. September 2020: https://www.katholisch.de/artikel/26998-mhg-studienleiter-dressing-kirche-hat-missbrauch-haeufig-vertuscht

6 Abdruck mit freundlicher Genehmigung der OrdensFrauen für MenschenWürde; Quelle: https://ofmw.webflow.io/aktionen-aktuelles

7 Quelle: https://www.hjhaering.de/eine-toedliche-bedrohung-zur-diskussion-um-vermeintlich-unfehlbare-aussagen/ Abdruck mit freundlicher Genehmigung des Autors

8 katholisch.de; 1. Juni 2020

9 Beispielsweise hier: Interview mit dem Domradio am 2. Juli 2019: https://www.domradio.de/themen/bischofskonferenz/2019-07-02/wenn-ich-papst-waere-wuerde-ich-es-machen-marx-wuenscht-sich-mehr-frauen-fuehrungspositionen-im

10 Abdruck mit freundlicher Genehmigung der Autorin; Quelle: www.synodalerweg.de

11 https://www.katholisch.de/artikel/16130-priestermangel-hilft-nur-noch-beten

12 Quelle: https://www.tagesschau.de/inland/anstieg-kirchenaustritte-101.html#:~:text=Aus%20der%20katholischen%20Kirche%20traten,mit%20damals%20knapp%20218.000%20Austritten.

13 Quelle: https://www.vaticannews.va/de/papst/news/2020-01/wortlaut-papst-franziskus-predigt-muttergottes-weltfriedenstag.html

14 Die deutsche Übersetzung ist entnommen aus: http://w2.vatican.va/content/francesco/de/apost_exhortations/documents/papa-francesco_esortazione-ap_20200202_querida-amazonia.html © Libreria Editrice Vaticana

15 Siehe auch https://www1.wdr.de/nachrichten/rheinland/synodaler-weg-woelki-kirche-100.html

16 Quelle: https://theosalon.blogspot.com/2020/07/alle-girls-mamas-und-madchen.html

17 Abdruck mit freundlicher Genehmigung der Autorinnen: Dorothee Becker, Anne Burgmer, Jeanine Kosch und Priorin Irene Gassmann, Kloster Fahr

18 Aus: Andreas Knapp, ganz knapp. Gedichte an der Schwelle zu Gott © 2020 Echter Verlag, Würzburg, S. 92 f.

19 Abdruck mit freundlicher Genehmigung von Andrea Voß-Frick

Der Verlag weist ausdrücklich darauf hin, dass im Text enthaltene externe Links vom Verlag nur bis zum Zeitpunkt der Buchveröffentlichung eingesehen werden konnten. Auf spätere Veränderungen hat der Verlag keinerlei Einfluss. Eine Haftung des Verlags ist daher ausgeschlossen.

Besuchen Sie uns im Internet:
www.bene-verlag.de

Aus Verantwortung für die Umwelt hat sich die Verlagsgruppe Droemer Knaur zu einer nachhaltigen Buchproduktion verpflichtet. Der bewusste Umgang mit unseren Ressourcen, der Schutz unseres Klimas und der Natur gehören zu unseren obersten Unternehmenszielen. Gemeinsam mit unseren Partnern und Lieferanten setzen wir uns für eine klimaneutrale Buchproduktion ein, die den Erwerb von Klimazertifikaten zur Kompensation des CO_2-Ausstoßes einschließt. Weitere Informationen finden Sie unter: www.klimaneutralerverlag.de

MIX
Papier aus verantwortungsvollen Quellen
FSC® C083411
FSC
www.fsc.org

Originalausgabe März 2021

Ein Imprint der Verlagsgruppe
Droemer Knaur GmbH & Co. KG, München.

Text: Lisa Kötter
Konzeption und Lektorat: Stefan Wiesner
Gestaltung: Maike Michel
Umschlagmotive, Frauenporträts: Lisa Kötter
Druck und Bindung: CPI books GmbH, Leck
ISBN 978-3-96340-186-2
5 4 3 2